PREFÁCIO

A coleção de frases de viagem "Vai tudo correr bem!" publicada pela T&P Books é concebida para pessoas que vão ao estrangeiro em viagens de turismo e negócios. Os livros de frases contêm o que é mais importante - o essencial para uma comunicação básica. Este é um conjunto indispensável de frases para "sobreviver" no estrangeiro.

Este Guia de Conversação irá ajudá-lo na maioria das situações em que precise de perguntar alguma coisa, obter direções, saber quanto custa algo, etc. Pode também resolver situações de difícil comunicação onde os gestos simplesmente não ajudam.

Este livro contém uma série de frases que foram agrupadas de acordo com os tópicos mais relevantes. Uma secção separada do livro também fornece um pequeno dicionário com mais de 1.500 palavras importantes e úteis.

Leve consigo para a estrada o Guia de Conversação "Vai tudo correr bem!" e terá um companheiro de viagem insubstituível, que irá ajudá-lo a encontrar o seu caminho em qualquer situação e ensiná-lo a não recear falar com estrangeiros.

TABELA DE CONTEÚDOS

T&P Books Publishing

PRONÚNCIA

Letra	Exemplo Inglês americano	Alfabeto fonético T&P	Exemplo Português

Vogais

Letra	Exemplo Inglês americano	Alfabeto fonético T&P	Exemplo Português
a	age	[eɪ]	seis
a	bag	[æ]	semana
a	car	[ɑː]	rapaz
a	care	[eə]	fêmea
e	meat	[iː]	cair
e	pen	[e]	metal
e	verb	[ɜ]	minhoca
e	here	[ɪə]	variedade
i	life	[aj]	baixar
i	sick	[ɪ]	sinónimo
i	girl	[ø]	orgulhoso
i	fire	[ajə]	flyer
o	rose	[əʊ]	réu
o	shop	[ɒ]	chamar
o	sport	[ɔː]	emboço
o	ore	[ɔː]	emboço
u	to include	[uː]	blusa
u	sun	[ʌ]	fax
u	church	[ɜ]	minhoca
u	pure	[ʊə]	adoecer
y	to cry	[aj]	baixar
y	system	[ɪ]	sinónimo
y	Lyre	[ajə]	flyer
y	party	[ɪ]	sinónimo

Consoantes

Letra	Exemplo Inglês americano	Alfabeto fonético T&P	Exemplo Português
b	bar	[b]	barril
c	city	[s]	sanita
c	clay	[k]	kiwi
d	day	[d]	dentista
f	face	[f]	safári
g	geography	[dʒ]	adjetivo

Letra	Exemplo Inglês americano	Alfabeto fonético T&P	Exemplo Português
g	glue	[g]	gosto
h	home	[h]	[h] aspirada
j	joke	[dʒ]	adjetivo
k	king	[k]	kiwi
l	love	[l]	libra
m	milk	[m]	magnólia
n	nose	[n]	natureza
p	pencil	[p]	presente
q	queen	[k]	kiwi
r	rose	[r]	riscar
s	sleep	[s]	sanita
s	please	[z]	sésamo
s	pleasure	[ʒ]	talvez
t	table	[t]	tulipa
v	velvet	[v]	fava
w	winter	[w]	página web
x	ox	[ks]	perplexo
x	exam	[gz]	Yangtzé
z	azure	[ʒ]	talvez
z	zebra	[z]	sésamo

Combinações de letras

ch	China	[ʧ]	Tchau!
ch	chemistry	[k]	kiwi
ch	machine	[ʃ]	mês
sh	ship	[ʃ]	mês
th	weather	[ð]	[z] - fricativa dental sonora não-sibilante
th	tooth	[θ]	[s] - fricativa dental surda não-sibilante
ph	telephone	[f]	safári
ck	black	[k]	kiwi
ng	ring	[ŋ]	alcançar
ng	English	[ŋ]	alcançar
wh	white	[w]	página web
wh	whole	[h]	[h] aspirada
wr	wrong	[r]	riscar
gh	enough	[f]	safári
gh	sign	[n]	natureza
kn	knife	[n]	natureza
qu	question	[kv]	aquário
tch	catch	[ʧ]	Tchau!
oo+k	book	[ʊ]	bonita
oo+r	door	[ɔ:]	emboço
ee	tree	[i:]	cair

Coleção Guias de Conversação
"Vai tudo correr bem!"

T&P Books Publishing

GUIA DE CONVERSAÇÃO
INGLÊS

AS PALAVRAS E AS FRASES MAIS ÚTEIS

Este guia de conversação contém frases e perguntas comuns essenciais para uma comunicação básica com estrangeiros

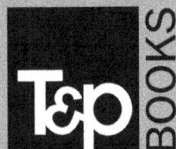

Andrey Taranov

T&P BOOKS

Frases + dicionário de 1500 palavras

Guia de Conversação Português-Inglês e dicionário conciso 1500 palavras

Por Andrey Taranov

A coleção de frases de viagem "Vai tudo correr bem!" publicada pela T&P Books é concebida para pessoas que vão ao estrangeiro em viagens de turismo e negócios. Os livros de frases contêm o que é mais importante - o essencial para uma comunicação básica. Este é um conjunto indispensável de frases para "sobreviver" no estrangeiro.

Outra secção do livro também fornece um pequeno dicionário com mais de 1.500 palavras úteis, organizadas por ordem alfabética. O dicionário inclui muitos termos gastronômicos e será útil quando pedir comida num restaurante ou comprar alimentos numa loja.

Editora T&P Books
www.tpbooks.com

ISBN: 978-1-78492-583-3

Este livro também está disponível em formato E-book.
Por favor visite www.tpbooks.com ou as principais livrarias on-line.

Letra	Exemplo Inglês americano	Alfabeto fonético T&P	Exemplo Português
ou	house	[aʊ]	produção
ou+r	our	[aʊə]	similar - Espanhol 'cacahuete'
ay	today	[eɪ]	seis
ey	they	[eɪ]	seis

LISTA DE ABREVIATURAS

Abreviaturas do Português

adj	-	adjetivo
adv	-	advérbio
anim.	-	animado
conj.	-	conjunção
desp.	-	desporto
etc.	-	etecetra
ex.	-	por exemplo
f	-	nome feminino
f pl	-	feminino plural
fem.	-	feminino
inanim.	-	inanimado
m	-	nome masculino
m pl	-	masculino plural
m, f	-	masculino, feminino
masc.	-	masculino
mat.	-	matemática
mil.	-	militar
pl	-	plural
prep.	-	preposição
pron.	-	pronome
sb.	-	sobre
sing.	-	singular
v aux	-	verbo auxiliar
vi	-	verbo intransitivo
vi, vt	-	verbo intransitivo, transitivo
vp	-	verbo pronominal
vt	-	verbo transitivo

Abreviaturas do Inglês americano

v aux	-	verbo auxiliar
vi	-	verbo intransitivo
vi, vt	-	verbo intransitivo, transitivo
vt	-	verbo transitivo

T&P BOOKS

GUIA DE CONVERSAÇÃO INGLÊS

Esta secção contém frases
importantes que podem vir
a ser úteis em várias
situações da vida real.
O Guia de Conversação irá
ajudá-lo a pedir orientações,
esclarecer um preço,
comprar bilhetes e pedir
comida num restaurante

T&P Books Publishing

CONTEÚDO DO GUIA DE CONVERSAÇÃO

T&P Books Publishing

O mínimo

Desculpe, ...

Excuse me, ...
[ɪk'skjuːz miː, ...]

Olá!

Hello.
[hə'ləʊ]

Obrigado /Obrigada/.

Thank you.
[θæŋk ju]

Adeus.

Good bye.
[gʊd baɪ]

Sim.

Yes.
[jes]

Não.

No.
[nəʊ]

Não sei.

I don't know.
[aɪ dəʊnt nəʊ]

Onde? | Para onde? | Quando?

Where? | Where to? | When?
[weə? | weə tuː? | wen?]

Preciso de ...

I need ...
[aɪ niːd ...]

Eu queria ...

I want ...
[aɪ wɒnt ...]

Tem ...?

Do you have ...?
[də ju hɛv ...?]

Há aqui ...?

Is there a ... here?
[ɪz ðər ə ... hɪə?]

Posso ...?

May I ...?
[meɪ aɪ ...?]

..., por favor

..., please
[..., pliːz]

Estou à procura de ...

I'm looking for ...
[aɪm 'lʊkɪŋ fə ...]

casa de banho

restroom
['restruːm]

Multibanco

ATM
[eɪtiː'em]

farmácia

pharmacy, drugstore
['fɑːməsi, 'drʌgstɔː]

hospital

hospital
['hɒspɪtl]

esquadra de polícia

police station
[pə'liːs 'steɪʃn]

metro

subway
['sʌbweɪ]

táxi	**taxi** ['tæksi]
estação de comboio	**train station** [treɪn 'steɪʃn]

Chamo-me ...	**My name is ...** [maɪ 'neɪm ɪz ...]
Como se chama?	**What's your name?** [wɒts jɔː 'neɪm?]
Pode-me dar uma ajuda?	**Could you please help me?** [kəd ju pliːz help miː?]
Tenho um problema.	**I've got a problem.** [av gɒt ə 'prɒbləm]
Não me sinto bem.	**I don't feel well.** [aɪ dəʊnt fiːl wel]
Chame a ambulância!	**Call an ambulance!** [kɔːl ən 'æmbjələns!]
Posso fazer uma chamada?	**May I make a call?** [meɪ aɪ 'meɪk ə kɔːl?]

Desculpe.	**I'm sorry.** [aɪm 'sɒri]
De nada.	**You're welcome.** [juə 'welkəm]

eu	**I, me** [aɪ, mi]
tu	**you** [ju]
ele	**he** [hi]
ela	**she** [ʃi]
eles	**they** [ðeɪ]
elas	**they** [ðeɪ]
nós	**we** [wi]
vocês	**you** [ju]
você	**you** [ju]

ENTRADA	**ENTRANCE** ['entrɑːns]
SAÍDA	**EXIT** ['eksɪt]
FORA DE SERVIÇO	**OUT OF ORDER** [aʊt əv 'ɔːdə]
FECHADO	**CLOSED** [kləʊzd]

ABERTO	**OPEN**
	['əʊpən]
PARA SENHORAS	**FOR WOMEN**
	[fə 'wɪmɪn]
PARA HOMENS	**FOR MEN**
	[fə men]

Perguntas

Onde? | **Where?**
[weə?]

Para onde? | **Where to?**
[weə tu:?]

De onde? | **Where from?**
[weə frɒm?]

Porquê? | **Why?**
[waɪ?]

Porque razão? | **Why?**
[waɪ?]

Quando? | **When?**
[wen?]

Quanto tempo? | **How long?**
[haʊ 'lɒŋ?]

A que horas? | **At what time?**
[ət wɒt 'taɪm?]

Quanto? | **How much?**
[haʊ 'mʌtʃ?]

Tem ...? | **Do you have ...?**
[də ju hɛv ...?]

Onde fica ...? | **Where is ...?**
[weə ɪz ...?]

Que horas são? | **What time is it?**
[wɒt taɪm ɪz ɪt?]

Posso fazer uma chamada? | **May I make a call?**
[meɪ aɪ meɪk ə kɔ:l?]

Quem é? | **Who's there?**
[hu:z ðeə?]

Posso fumar aqui? | **Can I smoke here?**
[kən aɪ sməʊk hɪə?]

Posso ...? | **May I ...?**
[meɪ aɪ ...?]

Necessidades

Eu gostaria de ...	**I'd like ...**
	[aɪd 'laɪk ...]
Eu não quero ...	**I don't want ...**
	[aɪ dəʊnt wɒnt ...]
Tenho sede.	**I'm thirsty.**
	[aɪm 'θɜːsti]
Eu quero dormir.	**I want to sleep.**
	[aɪ wɒnt tə sliːp]

Eu queria ...	**I want ...**
	[aɪ wɒnt ...]
lavar-me	**to wash up**
	[tə wɒʃ ʌp]
escovar os dentes	**to brush my teeth**
	[tə brʌʃ maɪ tiːθ]
descansar um pouco	**to rest a while**
	[tə rest ə waɪl]
trocar de roupa	**to change my clothes**
	[tə tʃeɪndʒ maɪ kləʊðz]

voltar ao hotel	**to go back to the hotel**
	[tə gəʊ 'bæk tə ðə həʊ'tel]
comprar ...	**to buy ...**
	[tə baɪ ...]
ir para ...	**to go to ...**
	[tə gəʊ tə ...]
visitar ...	**to visit ...**
	[tə 'vɪzɪt ...]
encontrar-me com ...	**to meet with ...**
	[tə miːt wɪð ...]
fazer uma chamada	**to make a call**
	[tə meɪk ə kɔːl]

Estou cansado /cansada/.	**I'm tired.**
	[aɪm 'taɪəd]
Nós estamos cansados /cansadas/.	**We are tired.**
	[wi ə 'taɪəd]
Tenho frio.	**I'm cold.**
	[aɪm kəʊld]
Tenho calor.	**I'm hot.**
	[aɪm hɒt]
Estou bem.	**I'm OK.**
	[aɪm əʊ'keɪ]

Preciso de telefonar.

I need to make a call.
[aɪ niːd tə meɪk ə kɔːl]

Preciso de ir à casa de banho.

I need to go to the restroom.
[aɪ niːd tə gəʊ tə ðə 'restruːm]

Tenho de ir.

I have to go.
[aɪ hɛv tə gəʊ]

Tenho de ir agora.

I have to go now.
[aɪ hɛv tə gəʊ naʊ]

Perguntando por direções

Desculpe, ...	**Excuse me, ...** [ɪk'skju:z mi:, ...]
Onde fica ...?	**Where is ...?** [weə ɪz ...?]
Para que lado fica ...?	**Which way is ...?** [wɪtʃ weɪ ɪz ...?]
Pode-me dar uma ajuda?	**Could you help me, please?** [kəd ju help mi:, pli:z?]
Estou à procura de ...	**I'm looking for ...** [aɪm 'lʊkɪŋ fə ...]
Estou à procura da saída.	**I'm looking for the exit.** [aɪm 'lʊkɪŋ fə ði 'eksɪt]
Eu vou para ...	**I'm going to ...** [aɪm 'gəʊɪŋ tə ...]
Estou a ir bem para ...?	**Am I going the right way to ...?** [əm aɪ 'gəʊɪŋ ðə raɪt 'weɪ tə ...?]
Fica longe?	**Is it far?** [ɪz ɪt fɑ:?]
Posso ir até lá a pé?	**Can I get there on foot?** [kən aɪ get ðər ɒn fʊt?]
Pode-me mostrar no mapa?	**Can you show me on the map?** [kən ju ʃəʊ mi: ɒn ðə mæp?]
Mostre-me onde estamos de momento.	**Show me where we are right now.** [ʃəʊ mi: weə wi ə raɪt naʊ]
Aqui	**Here** [hɪə]
Ali	**There** [ðeə]
Por aqui	**This way** [ðɪs weɪ]
Vire à direita.	**Turn right.** [tɜ:n raɪt]
Vire à esquerda.	**Turn left.** [tɜ:n left]
primeira (segunda, terceira) curva	**first (second, third) turn** [fɜ:st ('sekənd, θɜ:d) tɜ:n]
para a direita	**to the right** [tə ðə raɪt]

para a esquerda

to the left
[tə ðə left]

Vá sempre em frente.

Go straight.
[gəʊ streɪt]

Sinais

BEM-VINDOS!	**WELCOME!** ['welkəm!]
ENTRADA	**ENTRANCE** ['entrɑːns]
SAÍDA	**EXIT** ['eksɪt]

EMPURRAR	**PUSH** [pʊʃ]
PUXAR	**PULL** [pʊl]
ABERTO	**OPEN** ['əʊpən]
FECHADO	**CLOSED** [kləʊzd]

PARA SENHORAS	**FOR WOMEN** [fə 'wɪmɪn]
PARA HOMENS	**FOR MEN** [fə men]
HOMENS, CAVALHEIROS (M)	**MEN, GENTS** [men, dʒents]
SENHORAS (F)	**WOMEN, LADIES** ['wɪmɪn, 'leɪdɪz]

DESCONTOS	**DISCOUNTS** ['dɪskaʊnts]
SALDOS	**SALE** [seɪl]
GRATUITO	**FREE** [friː]
NOVIDADE!	**NEW!** [njuː!]
ATENÇÃO!	**ATTENTION!** [ə'tenʃn!]

NÃO HÁ VAGAS	**NO VACANCIES** [nəʊ 'veɪkənsɪz]
RESERVADO	**RESERVED** [rɪ'zɜːvd]
ADMINISTRAÇÃO	**ADMINISTRATION** [ədmɪnɪ'streɪʃn]
ACESSO RESERVADO	**STAFF ONLY** [stɑːf 'əʊnli]

CUIDADO COM O CÃO

BEWARE OF THE DOG!
[bɪ'weər əv ðə dɒg!]

NÃO FUMAR!

NO SMOKING!
[nəu 'sməukɪŋ!]

NÃO MEXER!

DO NOT TOUCH!
[də nɒt tʌtʃ!]

PERIGOSO

DANGEROUS
['deɪndʒərəs]

PERIGO

DANGER
['deɪndʒə]

ALTA TENSÃO

HIGH VOLTAGE
[haɪ 'vəultɪdʒ]

PROIBIDO NADAR

NO SWIMMING!
[nəu 'swɪmɪŋ!]

FORA DE SERVIÇO

OUT OF ORDER
[aut əv 'ɔ:də]

INFLAMÁVEL

FLAMMABLE
['flæməbl]

PROIBIDO

FORBIDDEN
[fə'bɪdn]

PASSAGEM PROIBIDA

NO TRESPASSING!
[nəu 'trespəsɪŋ!]

PINTADO DE FRESCO

WET PAINT
[wet peɪnt]

FECHADO PARA OBRAS

CLOSED FOR RENOVATIONS
[kləuzd fə renə'veɪʃnz]

TRABALHOS NA VIA

WORKS AHEAD
['wɜ:ks ə'hed]

DESVIO

DETOUR
['di:tuə]

Transportes. Frases gerais

avião	**plane** [pleɪn]
comboio	**train** [treɪn]
autocarro	**bus** [bʌs]
ferri	**ferry** ['feri]
táxi	**taxi** ['tæksi]
carro	**car** [kɑ:]
horário	**schedule** ['ʃedju:l]
Onde posso ver o horário?	**Where can I see the schedule?** [weə kən aɪ si: ðə 'ʃedju:l?]
dias de trabalho	**workdays** ['wɜ:kdeɪz]
fins de semana	**weekends** [wi:k'endz]
férias	**holidays** ['hɒlədeɪz]
PARTIDA	**DEPARTURE** [dɪ'pɑ:tʃə]
CHEGADA	**ARRIVAL** [ə'raɪvl]
ATRASADO	**DELAYED** [dɪ'leɪd]
CANCELADO	**CANCELED** ['kænsəld]
próximo (comboio, etc.)	**next** [nɛkst]
primeiro	**first** [fɜ:st]
último	**last** [lɑ:st]
Quando é o próximo …?	**When is the next …?** [wen ɪz ðə nɛkst …?]
Quando é o primeiro …?	**When is the first …?** [wen ɪz ðə fɜ:st …?]

Quando é o último ...?

When is the last ...?
[wen ɪz ðə lɑːst ...?]

transbordo

transfer
['trænsfɜː]

fazer o transbordo

to make a transfer
[tə meɪk ə 'trænsfɜː]

Preciso de fazer o transbordo?

Do I need to make a transfer?
[də aɪ niːd tə meɪk ə 'trænsfɜː?]

Comprando bilhetes

Onde posso comprar bilhetes?	**Where can I buy tickets?** [weə kən aɪ baɪ 'tɪkɪts?]
bilhete	**ticket** ['tɪkɪt]
comprar um bilhete	**to buy a ticket** [tə baɪ ə 'tɪkɪt]
preço do bilhete	**ticket price** ['tɪkɪt praɪs]
Para onde?	**Where to?** [weə tuː?]
Para que estação?	**To what station?** [tə wɒt steɪʃn?]
Preciso de ...	**I need ...** [aɪ niːd ...]
um bilhete	**one ticket** [wʌn 'tɪkɪt]
dois bilhetes	**two tickets** [tuː 'tɪkɪts]
três bilhetes	**three tickets** [θri: 'tɪkɪts]
só de ida	**one-way** [wʌn'weɪ]
de ida e volta	**round-trip** [rɑːwnd trɪp]
primeira classe	**first class** [fɜːst klɑːs]
segunda classe	**second class** ['sekənd klɑːs]
hoje	**today** [tə'deɪ]
amanhã	**tomorrow** [tə'mɒrəu]
depois de amanhã	**the day after tomorrow** [ðə deɪ 'ɑːftə tə'mɒrəu]
de manhã	**in the morning** [ɪn ðə 'mɔːnɪŋ]
à tarde	**in the afternoon** [ɪn ði ɑːftə'nuːn]
ao fim da tarde	**in the evening** [ɪn ði 'iːvnɪŋ]

lugar de corredor

aisle seat
[aɪl siːt]

lugar à janela

window seat
['wɪndəʊ siːt]

Quanto?

How much?
[haʊ mʌtʃ?]

Posso pagar com cartão de crédito?

Can I pay by credit card?
[kən aɪ peɪ baɪ 'kredɪt kɑːd?]

Autocarro

autocarro	**bus** [bʌs]
camioneta (autocarro interurbano)	**intercity bus** [ɪntəˈsɪti bʌs]
paragem de autocarro	**bus stop** [bʌs stɒp]
Onde é a paragem de autocarro mais perto?	**Where's the nearest bus stop?** [weəz ðə ˈnɪərɪst bʌs stɒp?]
número	**number** [ˈnʌmbə]
Qual o autocarro que apanho para …?	**Which bus do I take to get to …?** [wɪtʃ bʌs də aɪ teɪk tə get tə …?]
Este autocarro vai até …?	**Does this bus go to …?** [dəz ðɪs bʌs gəʊ tə …?]
Com que frequência passam os autocarros?	**How frequent are the buses?** [haʊ frɪˈkwent ə ðə ˈbʌsɪz?]
de 15 em 15 minutos	**every 15 minutes** [ˈevri fɪfˈtiːn ˈmɪnɪts]
de meia em meia hora	**every half hour** [ˈevri hɑːf ˈaʊə]
de hora a hora	**every hour** [ˈevri ˈaʊə]
várias vezes ao dia	**several times a day** [ˈsevrəl taɪmz ə deɪ]
… vezes ao dia	**… times a day** [… taɪmz ə deɪ]
horário	**schedule** [ˈʃedjuːl]
Onde posso ver o horário?	**Where can I see the schedule?** [weə kən aɪ siː ðə ˈʃedjuːl?]
Quando é o próximo autocarro?	**When is the next bus?** [wen ɪz ðə nɛkst bʌs?]
Quando é o primeiro autocarro?	**When is the first bus?** [wen ɪz ðə fɜːst bʌs?]
Quando é o último autocarro?	**When is the last bus?** [wen ɪz ðə lɑːst bʌs?]
paragem	**stop** [stɒp]
próxima paragem	**next stop** [nɛkst stɒp]

última paragem	**last stop** [lɑːst stɒp]
Pare aqui, por favor.	**Stop here, please.** [stɒp hɪə, pliːz]
Desculpe, esta é a minha paragem.	**Excuse me, this is my stop.** [ɪkˈskjuːz miː, ðɪs ɪz maɪ stɒp]

Comboio

comboio	**train** [treɪn]
comboio sub-urbano	**suburban train** [sə'bɜːbən treɪn]
comboio de longa distância	**long-distance train** ['lɒŋdɪstəns treɪn]
estação de comboio	**train station** [treɪn steɪʃn]
Desculpe, onde fica a saída para a plataforma?	**Excuse me, where is the exit to the platform?** [ɪk'skjuːz miː, weə ɪz ði 'eksɪt tə ðə 'plætfɔːm?]

Este comboio vai até …?	**Does this train go to …?** [dəz ðɪs treɪn gəʊ tə …?]
próximo comboio	**next train** [nɛkst treɪn]
Quando é o próximo comboio?	**When is the next train?** [wen ɪz ðə nɛkst treɪn?]
Onde posso ver o horário?	**Where can I see the schedule?** [weə kən aɪ siː ðə 'ʃedjuːl?]
Apartir de que plataforma?	**From which platform?** [frəm wɪtʃ 'plætfɔːm?]
Quando é que o comboio chega a …?	**When does the train arrive in …?** [wen dəz ðə treɪn ə'raɪv ɪn …?]

Ajude-me, por favor.	**Please help me.** [pliːz help miː]
Estou à procura do meu lugar.	**I'm looking for my seat.** [aɪm 'lʊkɪŋ fə maɪ siːt]
Nós estamos à procura dos nossos lugares.	**We're looking for our seats.** [wɪə 'lʊkɪŋ fə 'aʊə siːts]
O meu lugar está ocupado.	**My seat is taken.** [maɪ siːt ɪs 'teɪkən]
Os nossos lugares estão ocupados.	**Our seats are taken.** ['aʊə siːts ə 'teɪkən]

Peço desculpa mas este é o meu lugar.	**I'm sorry but this is my seat.** [aɪm 'sɒri bət ðɪs ɪz maɪ siːt]
Este lugar está ocupado?	**Is this seat taken?** [ɪz ðɪs siːt 'teɪkən?]
Posso sentar-me aqui?	**May I sit here?** [meɪ aɪ sɪt hɪə?]

No comboio. Diálogo (Sem bilhete)

Bilhete, por favor.

Ticket, please.
['tɪkɪt, pliːz]

Não tenho bilhete.

I don't have a ticket.
[aɪ dəʊnt hɛv ə 'tɪkɪt]

Perdi o meu bilhete.

I lost my ticket.
[aɪ lɒst maɪ 'tɪkɪt]

Esqueci-me do bilhete em casa.

I forgot my ticket at home.
[aɪ fə'gɒt maɪ 'tɪkɪt ət həʊm]

Pode comprar um bilhete a mim.

You can buy a ticket from me.
[ju kən baɪ ə 'tɪkɪt frəm miː]

Terá também de pagar uma multa.

You will also have to pay a fine.
[ju wɪl 'ɔːlsəʊ hɛv tə peɪ ə faɪn]

Está bem.

Okay.
[əʊ'keɪ]

Onde vai?

Where are you going?
[weər ə ju 'gəʊɪŋ?]

Eu vou para ...

I'm going to ...
[aɪm 'gəʊɪŋ tə ...]

Quanto é? Eu não entendo.

How much? I don't understand.
[haʊ 'mʌtʃ? aɪ dəʊnt ʌndə'stænd]

Escreva, por favor.

Write it down, please.
['raɪt ɪt daʊn, pliːz]

Está bem. Posso pagar
com cartão de crédito?

Okay. Can I pay with a credit card?
[əʊ'keɪ. kən aɪ peɪ wɪð ə 'kredɪt kɑːd?]

Sim, pode.

Yes, you can.
[jes, ju kæn]

Aqui tem a sua fatura.

Here's your receipt.
[hɪəz jɔː rɪ'siːt]

Desculpe pela multa.

Sorry about the fine.
['sɒri ə'baʊt ðə faɪn]

Não tem mal. A culpa foi minha.

That's okay. It was my fault.
[ðæts əʊ'keɪ. ɪt wəz maɪ fɔːt]

Desfrute da sua viagem.

Enjoy your trip.
[ɪn'dʒɔɪ jɔː trɪp]

Taxi

táxi	**taxi** ['tæksi]
taxista	**taxi driver** ['tæksi 'draɪvə]
apanhar um táxi	**to catch a taxi** [tə kætʃ ə 'tæksi]
paragem de táxis	**taxi stand** ['tæksi stænd]
Onde posso apanhar um táxi?	**Where can I get a taxi?** [weə kən aɪ get ə 'tæksi?]
chamar um táxi	**to call a taxi** [tə kɔːl ə 'tæksi]
Preciso de um táxi.	**I need a taxi.** [aɪ niːd ə 'tæksi]
Agora.	**Right now.** [raɪt naʊ]
Qual é a sua morada?	**What is your address (location)?** ['wɒts jɔːr ə'dres (ləʊ'keɪʃn)?]
A minha morada é …	**My address is …** [maɪ ə'dres ɪz …]
Qual o seu destino?	**Your destination?** [jɔː destɪ'neɪʃn?]
Desculpe, …	**Excuse me, …** [ɪk'skjuːz miː, …]
Está livre?	**Are you available?** [ə ju ə'veɪləbl?]
Em quanto fica a corrida até …?	**How much is it to get to …?** [haʊ 'mʌtʃ ɪz ɪt tə get tə …?]
Sabe onde é?	**Do you know where it is?** [də ju nəʊ weər ɪt ɪz?]
Para o aeroporto, por favor.	**Airport, please.** ['eəpɔːt, pliːz]
Pare aqui, por favor.	**Stop here, please.** [stɒp hɪə, pliːz]
Não é aqui.	**It's not here.** [ɪts nɒt hɪə]
Esta morada está errada. (Não é aqui)	**This is the wrong address.** [ðɪs ɪz ðə rɒŋ ə'dres]
Vire à esquerda.	**Turn left.** [tɜːn left]
Vire à direita.	**Turn right.** [tɜːn raɪt]

Quanto lhe devo?

How much do I owe you?
[haʊ 'mʌtʃ də aɪ əʊ ju?]

Queria fatura, por favor.

I'd like a receipt, please.
[aɪd laɪk ə rɪ'siːt, pliːz]

Fique com o troco.

Keep the change.
[kiːp ðə tʃeɪndʒ]

Espere por mim, por favor.

Would you please wait for me?
[wʊd ju pliːz weɪt fə mi:?]

5 minutos

five minutes
[faɪv 'mɪnɪts]

10 minutos

ten minutes
[ten 'mɪnɪts]

15 minutos

fifteen minutes
[fɪfˈtiːn 'mɪnɪts]

20 minutos

twenty minutes
['twenti 'mɪnɪts]

meia hora

half an hour
[hɑːf ən 'aʊə]

Hotel

Olá!	**Hello.** [həˈləʊ]
Chamo-me ...	**My name is ...** [maɪ neɪm ɪz ...]
Tenho uma reserva.	**I have a reservation.** [aɪ hɛv ə rezəˈveɪʃn]

Preciso de ...	**I need ...** [aɪ niːd ...]
um quarto de solteiro	**a single room** [ə sɪŋgl ruːm]
um quarto de casal	**a double room** [ə dʌbl ruːm]
Quanto é?	**How much is that?** [haʊ ˈmʌtʃ ɪz ðæt?]
Está um pouco caro.	**That's a bit expensive.** [ðæts ə bɪt ɪkˈspensɪv]

Não tem outras opções?	**Do you have any other options?** [də ju hɛv ˈeni ˈʌðər ɒpʃnz?]
Eu fico com ele.	**I'll take it.** [aɪl teɪk ɪt]
Eu pago em dinheiro.	**I'll pay in cash.** [aɪl peɪ ɪn kæʃ]

Tenho um problema.	**I've got a problem.** [aɪv gɒt ə ˈprɒbləm]
O meu ... está partido /A minha ... está partida/.	**My ... is broken.** [maɪ ... ɪz ˈbrəʊkən]
O meu ... está avariado /A minha ... está avariada/.	**My ... is out of order.** [maɪ ... ɪz aʊt əv ˈɔːdə]
televisor (m)	**TV** [tiːˈviː]
ar condicionado (m)	**air conditioning** [eə kənˈdɪʃnɪŋ]
torneira (f)	**tap** [tæp]

duche (m)	**shower** [ˈʃaʊə]
lavatório (m)	**sink** [sɪŋk]
cofre (m)	**safe** [seɪf]

fechadura (f)	**door lock** [dɔ: lɒk]
tomada elétrica (f)	**electrical outlet** [ɪ'lektrɪkl 'aʊtlet]
secador de cabelo (m)	**hairdryer** ['heədraɪə]

Não tenho …	**I don't have …** [aɪ 'dəʊnt hɛv …]
água	**water** ['wɔ:tə]
luz	**light** [laɪt]
eletricidade	**electricity** [ɪlek'trɪsɪti]

Pode dar-me …?	**Can you give me …?** [kən ju gɪv mi: …?]
uma toalha	**a towel** [ə 'taʊəl]
um cobertor	**a blanket** [ə 'blæŋkɪt]
uns chinelos	**slippers** ['slɪpəz]
um roupão	**a robe** [ə rəʊb]
algum champô	**shampoo** [ʃæm'pu:]
algum sabonete	**soap** [səʊp]

Gostaria de trocar de quartos.	**I'd like to change rooms.** [aɪd laɪk tə tʃeɪndʒ ru:mz]
Não consigo encontrar a minha chave.	**I can't find my key.** [aɪ kɑ:nt faɪnd maɪ ki:]
Abra-me o quarto, por favor.	**Could you open my room, please?** [kəd ju 'əʊpən maɪ ru:m, pli:z?]
Quem é?	**Who's there?** [hu:z ðeə?]
Entre!	**Come in!** [kʌm 'ɪn!]
Um minuto!	**Just a minute!** [dʒəst ə 'mɪnɪt!]
Agora não, por favor.	**Not right now, please.** [nɒt raɪt naʊ, pli:z]

Venha ao meu quarto, por favor.	**Come to my room, please.** [kʌm tə maɪ ru:m, pli:z]
Gostaria de encomendar comida.	**I'd like to order food service.** [aɪd laɪk tu 'ɔ:də fu:d 'sɜ:vɪs]
O número do meu quarto é …	**My room number is …** [maɪ ru:m 'nʌmbə iz …]

Estou de saída …

I'm leaving …
[aɪm 'li:vɪŋ …]

Estamos de saída …

We're leaving …
[wɪə 'li:vɪŋ …]

agora

right now
[raɪt naʊ]

esta tarde

this afternoon
[ðɪs ɑ:ftə'nu:n]

hoje à noite

tonight
[tə'naɪt]

amanhã

tomorrow
[tə'mɒrəʊ]

amanhã de manhã

tomorrow morning
[tə'mɒrəʊ 'mɔ:nɪŋ]

amanhã ao fim da tarde

tomorrow evening
[tə'mɒrəʊ 'i:vnɪŋ]

depois de amanhã

the day after tomorrow
[ðə deɪ 'ɑ:ftə tə'mɒrəʊ]

Gostaria de pagar.

I'd like to pay.
[aɪd 'laɪk tə peɪ]

Estava tudo maravilhoso.

Everything was wonderful.
['evrɪθɪŋ wəz 'wʌndəfəl]

Onde posso apanhar um táxi?

Where can I get a taxi?
[weə kən aɪ get ə 'tæksi?]

Pode me chamar um táxi, por favor?

Would you call a taxi for me, please?
[wʊd ju kɔ:l ə 'tæksi fə mi:, pli:z?]

Restaurante

Posso ver o menu, por favor?

Can I look at the menu, please?
[kən aɪ lʊk ət ðə 'menjuː, pliːz?]

Mesa para um.

Table for one.
['teɪbl fə wʌn]

Somos dois (três, quatro).

There are two (three, four) of us.
[ðər ə tuː (θriː, fɔːr) əv'ʌs]

Para fumadores

Smoking
['sməʊkɪŋ]

Para não fumadores

No smoking
[nəʊ 'sməʊkɪŋ]

Por favor!

Excuse me!
[ɪk'skjuːz miːl]

menu

menu
['menjuː]

lista de vinhos

wine list
[waɪn lɪst]

O menu, por favor.

The menu, please.
[ðə 'menjuː, pliːz]

Já escolheu?

Are you ready to order?
[ə ju 'redi tu 'ɔːdə?]

O que vai tomar?

What will you have?
[wɒt wɪl ju hæv?]

Eu quero …

I'll have …
[aɪl hɛv …]

Eu sou vegetariano /vegetariana/.

I'm a vegetarian.
[aɪm ə vedʒɪ'teərɪən]

carne

meat
[miːt]

peixe

fish
[fɪʃ]

vegetais

vegetables
['vedʒɪtəblz]

Tem pratos vegetarianos?

Do you have vegetarian dishes?
[də ju hɛv vedʒɪ'teərɪən 'dɪʃɪz?]

Não como porco.

I don't eat pork.
[aɪ dəʊnt iːt pɔːk]

Ele /ela/ não come porco.

He /she/ doesn't eat meat.
[hi /ʃi/ 'dʌznt iːt miːt]

Sou alérgico /alérgica/ a …

I am allergic to …
[aɪ əm ə'lɜːdʒɪk tə …]

Por favor, pode trazer-me ...?

Would you please bring me ...
[wʊd ju pliːz brɪŋ miː ...]

sal | pimenta | açucar

salt | pepper | sugar
[sɔːlt | 'pepə | 'ʃugə]

café | chá | sobremesa

coffee | tea | dessert
['kɒfi | tiː | dɪ'zɜːt]

água | com gás | sem gás

water | sparkling | plain
['wɔːtə | 'spɑːklɪŋ | pleɪn]

uma colher | um garfo | uma faca

spoon | fork | knife
[spuːn | fɔːk | naɪf]

um prato | um guardanapo

plate | napkin
[pleɪt | 'næpkɪn]

Bom apetite!

Enjoy your meal!
[ɪn'dʒɔɪ jɔː miːl!]

Mais um, por favor.

One more, please.
[wʌn mɔː, pliːz]

Estava delicioso.

It was very delicious.
[ɪt wəz 'veri dɪ'lɪʃəs]

conta | troco | gorjeta

check | change | tip
[tʃek | tʃeɪndʒ | tɪp]

A conta, por favor.

Check, please.
[tʃek, pliːz]

Posso pagar com cartão de crédito?

Can I pay by credit card?
[kən aɪ peɪ baɪ 'kredɪt kɑːd?]

Desculpe, mas tem um erro aqui.

I'm sorry, there's a mistake here.
[aɪm 'sɒri, ðeəz ə mɪ'steɪk hɪə]

Centro Comercial

Posso ajudá-lo /ajudá-la/?

Can I help you?
[kən aɪ help ju?]

Tem ...?

Do you have ...?
[də ju hɛv ...?]

Estou à procura de ...

I'm looking for ...
[aɪm 'lʊkɪŋ fə ...]

Preciso de ...

I need ...
[aɪ ni:d ...]

Estou só a ver.

I'm just looking.
[aɪm dʒəst 'lʊkɪŋ]

Estamos só a ver.

We're just looking.
[wɪə dʒəst 'lʊkɪŋ]

Volto mais tarde.

I'll come back later.
[aɪl kʌm bæk 'leɪtə]

Voltamos mais tarde.

We'll come back later.
[wil kʌm bæk 'leɪtə]

descontos | saldos

discounts | sale
[dɪs'kaʊnts | seɪl]

Mostre-me, por favor ...

Would you please show me ...
[wʊd ju pli:z ʃəʊ mi: ...]

Dê-me, por favor ...

Would you please give me ...
[wʊd ju pli:z gɪv mi: ...]

Posso experimentar?

Can I try it on?
[kən aɪ traɪ ɪt ɒn?]

Desculpe, onde fica a cabine de prova?

Excuse me, where's the fitting room?
[ɪk'skju:z mi:, weəz ðə 'fɪtɪŋ ru:m?]

Que cor prefere?

Which color would you like?
[wɪtʃ 'kʌlər wʊd ju 'laɪk?]

tamanho | cvomprimento

size | length
[saɪz | leŋθ]

Como lhe fica?

How does it fit?
[haʊ dəz ɪt fɪt?]

Quanto é que isto custa?

How much is it?
[haʊ 'mʌtʃ ɪz ɪt?]

É muito caro.

That's too expensive.
[ðæts tu: ɪk'spensɪv]

Eu fico com ele.

I'll take it.
[aɪl teɪk ɪt]

Desculpe, onde fica a caixa?

Excuse me, where do I pay?
[ɪk'skju:z mi:, weə də aɪ peɪ?]

Vai pagar a dinheiro ou com cartão de crédito?

Will you pay in cash or credit card?
[wɪl ju peɪ ɪn kæʃ ɔː 'kredɪt kɑːd?]

A dinheiro | com cartão de crédito

In cash | with credit card
[ɪn kæʃ | wɪð 'kredɪt kɑːd]

Pretende fatura?

Do you want the receipt?
[də ju wɒnt ðə rɪ'siːt?]

Sim, por favor.

Yes, please.
[jes, pliːz]

Não. Está bem!

No, it's OK.
[nəʊ, ɪts əʊ'keɪ]

Obrigado /Obrigada/.
Tenha um bom dia!

Thank you. Have a nice day!
[θæŋk ju. hɛv ə naɪs deɪ!]

Na cidade

Desculpe, por favor …	**Excuse me, please.** [ɪkˈskjuːz miː, pliːz]
Estou à procura …	**I'm looking for …** [aɪm ˈlʊkɪŋ fə …]
do metro	**the subway** [ðə ˈsʌbweɪ]
do meu hotel	**my hotel** [maɪ həʊˈtel]
do cinema	**the movie theater** [ðə ˈmuːvi ˈθiːətə]
da praça de táxis	**a taxi stand** [ə ˈtæksi stænd]
do multibanco	**an ATM** [ən eɪtiːˈem]
de uma casa de câmbio	**a foreign exchange office** [ə ˈfɒrən ɪkˈstʃeɪndʒ ˈɒfɪs]
de um café internet	**an internet café** [ən ˈɪntənet ˈkæfeɪ]
da rua …	**… street** [… striːt]
deste lugar	**this place** [ðɪs ˈpleɪs]
Sabe dizer-me onde fica …?	**Do you know where … is?** [də ju nəʊ weə … ɪz?]
Como se chama esta rua?	**Which street is this?** [wɪtʃ striːt ɪs ðɪs?]
Mostre-me onde estamos de momento.	**Show me where we are right now.** [ʃəʊ miː weə wi ə raɪt naʊ]
Posso ir até lá a pé?	**Can I get there on foot?** [kən aɪ get ðər ɒn fʊt?]
Tem algum mapa da cidade?	**Do you have a map of the city?** [də ju hɛv ə mæp əv ðə ˈsɪti?]
Quanto custa a entrada?	**How much is a ticket to get in?** [haʊ ˈmʌtʃ ɪz ə ˈtɪkɪt tə get ɪn?]
Pode-se fotografar aqui?	**Can I take pictures here?** [kən aɪ teɪk ˈpɪktʃəz hɪə?]
Estão abertos?	**Are you open?** [ə ju ˈəʊpən?]

A que horas abrem?

When do you open?
[wen də ju 'əʊpən?]

A que horas fecham?

When do you close?
[wen də ju kləʊz?]

Dinheiro

dinheiro	**money** ['mʌni]
a dinheiro	**cash** [kæʃ]
dinheiro de papel	**paper money** ['peɪpə 'mʌni]
troco	**loose change** [luːs tʃeɪndʒ]
conta | troco | gorjeta	**check | change | tip** [tʃek | tʃeɪndʒ | tɪp]

cartão de crédito	**credit card** ['kredɪt kɑːd]
carteira	**wallet** ['wɒlɪt]
comprar	**to buy** [tə baɪ]
pagar	**to pay** [tə peɪ]
multa	**fine** [faɪn]
gratuito	**free** [friː]

Onde é que posso comprar …?	**Where can I buy …?** [weə kən aɪ baɪ …?]
O banco está aberto agora?	**Is the bank open now?** [ɪz ðə bæŋk 'əʊpən naʊ?]
Quando abre?	**When does it open?** [wen dəz ɪt 'əʊpən?]
Quando fecha?	**When does it close?** [wen dəz ɪt kləʊz?]

Quanto?	**How much?** [haʊ 'mʌtʃ?]
Quanto custa isto?	**How much is this?** [haʊ 'mʌtʃ ɪz ðɪs?]
É muito caro.	**That's too expensive.** [ðæts tuː ɪk'spensɪv]

Desculpe, onde fica a caixa?	**Excuse me, where do I pay?** [ɪk'skjuːz mi:, weə də aɪ peɪ?]
A conta, por favor.	**Check, please.** [tʃek, pliːz]

Posso pagar com cartão de crédito?

Can I pay by credit card?
[kən aɪ peɪ baɪ 'kredɪt kɑːd?]

Há algum Multibanco aqui?

Is there an ATM here?
[ɪz ðər ən eɪtiː'em hɪə?]

Estou à procura de um Multibanco.

I'm looking for an ATM.
[aɪm 'lʊkɪŋ fər ən eɪtiː'em]

Estou à procura de uma
casa de câmbio.

**I'm looking for a foreign
exchange office.**
[aɪm 'lʊkɪŋ fər ə 'fɒrən
ɪk'stʃeɪndʒ 'ɒfɪs]

Eu gostaria de trocar ...

I'd like to change ...
[aɪd laɪk tə tʃeɪndʒ ...]

Qual a taxa de câmbio?

What is the exchange rate?
[wɒts ði ɪk'stʃeɪndʒ reɪt?]

Precisa do meu passaporte?

Do you need my passport?
[də ju niːd maɪ 'pɑːspɔːt?]

Tempo

Que horas são?	**What time is it?** [wɒt taɪm ɪz ɪt?]
Quando?	**When?** [wen?]
A que horas?	**At what time?** [ət wɒt taɪm?]
agora | mais tarde | depois ...	**now | later | after ...** [naʊ | 'leɪtə | 'ɑːftə ...]
uma em ponto	**one o'clock** [wʌn ə'klɒk]
uma e quinze	**one fifteen** [wʌn fɪf'tiːn]
uma e trinta	**one thirty** [wʌn 'θɜːti]
uma e quarenta e cinco	**one forty-five** [wʌn 'fɔːti faɪv]
um | dois | três	**one | two | three** [wʌn | tuː | θriː]
quatro | cinco | seis	**four | five | six** [fɔː | faɪv | sɪks]
set | oito | nove	**seven | eight | nine** [sevn | eɪt | naɪn]
dez | onze | doze	**ten | eleven | twelve** [ten | ɪ'levn | twelv]
dentro de ...	**in ...** [ɪn ...]
5 minutos	**five minutes** [faɪv 'mɪnɪts]
10 minutos	**ten minutes** [ten 'mɪnɪts]
15 minutos	**fifteen minutes** [fɪf'tiːn 'mɪnɪts]
20 minutos	**twenty minutes** ['twenti 'mɪnɪts]
meia hora	**half an hour** [hɑːf ən 'aʊə]
uma hora	**an hour** [ən 'aʊə]

de manhã	**in the morning** [ɪn ðə 'mɔːnɪŋ]
de manhã cedo	**early in the morning** ['ɜːli ɪn ðə 'mɔːnɪŋ]
esta manhã	**this morning** [ðɪs 'mɔːnɪŋ]
amanhã de manhã	**tomorrow morning** [tə'mɒrəʊ 'mɔːnɪŋ]
ao meio-dia	**at noon** [ət nuːn]
à tarde	**in the afternoon** [ɪn ðɪ ɑːftə'nuːn]
à noite (das 18h às 24h)	**in the evening** [ɪn ðɪ 'iːvnɪŋ]
esta noite	**tonight** [tə'naɪt]
à noite (da 0h às 6h)	**at night** [ət naɪt]
ontem	**yesterday** ['jestədi]
hoje	**today** [tə'deɪ]
amanhã	**tomorrow** [tə'mɒrəʊ]
depois de amanhã	**the day after tomorrow** [ðə deɪ 'ɑːftə tə'mɒrəʊ]
Que dia é hoje?	**What day is it today?** [wɒt deɪ ɪz ɪt tə'deɪ?]
Hoje é …	**It's …** [ɪts …]
segunda-feira	**Monday** ['mʌndɪ]
terça-feira	**Tuesday** ['tjuːzdi]
quarta-feira	**Wednesday** ['wenzdɪ]
quinta-feira	**Thursday** ['θɜːzdɪ]
sexta-feira	**Friday** ['fraɪdɪ]
sábado	**Saturday** ['sætədɪ]
domingo	**Sunday** ['sʌndɪ]

Saudações. Apresentações

Olá!	**Hello.** [hə'ləʊ]
Prazer em conhecê-lo /conhecê-la/.	**Pleased to meet you.** [pliːzd tə miːt ju]
O prazer é todo meu.	**Me too.** [miː tuː]
Apresento-lhe ...	**I'd like you to meet ...** [aɪd laɪk ju tə miːt ...]
Muito prazer.	**Nice to meet you.** [naɪs tə miːt ju]

Como está?	**How are you?** [haʊ ə ju?]
Chamo-me ...	**My name is ...** [maɪ neɪm ɪz ...]
Ele chama-se ...	**His name is ...** [hɪz neɪm ɪz ...]
Ela chama-se ...	**Her name is ...** [hə neɪm ɪz ...]
Como é que o senhor /a senhora/ se chama?	**What's your name?** [wɒts jɔː neɪm?]
Como é que ela se chama?	**What's his name?** [wɒts ɪz neɪm?]
Como é que ela se chama?	**What's her name?** [wɒts hə neɪm?]

Qual o seu apelido?	**What's your last name?** [wɒts jɔː lɑːst neɪm?]
Pode chamar-me ...	**You can call me ...** [ju kən kɔːl miː ...]
De onde é?	**Where are you from?** [weər ə ju frɒm?]
Sou de ...	**I'm from ...** [aɪm frəm ...]
O que faz na vida?	**What do you do for a living?** [wɒt də ju də fər ə 'lɪvɪŋ?]
Quem é este?	**Who is this?** [huː ɪz ðɪs?]
Quem é ele?	**Who is he?** [huː ɪz hi?]
Quem é ela?	**Who is she?** [huː ɪz ʃi?]
Quem são eles?	**Who are they?** [huː ə ðeɪ?]

Este é …	**This is …**
	[ðɪs ɪz …]
o meu amigo	**my friend**
	[maɪ frend]
a minha amiga	**my friend**
	[maɪ frend]
o meu marido	**my husband**
	[maɪ 'hʌzbənd]
a minha mulher	**my wife**
	[maɪ waɪf]
o meu pai	**my father**
	[maɪ 'fɑːðə]
a minha mãe	**my mother**
	[maɪ 'mʌðə]
o meu irmão	**my brother**
	[maɪ 'brʌðə]
a minha irmã	**my sister**
	[maɪ 'sɪstə]
o meu filho	**my son**
	[maɪ sʌn]
a minha filha	**my daughter**
	[maɪ 'dɔːtə]
Este é o nosso filho.	**This is our son.**
	[ðɪs ɪz 'aʊə sʌn]
Este é a nossa filha.	**This is our daughter.**
	[ðɪs ɪz 'aʊə 'dɔːtə]
Estes são os meus filhos.	**These are my children.**
	[ðiːz ə maɪ 'tʃɪldrən]
Estes são os nossos filhos.	**These are our children.**
	[ðiːz ə 'aʊə 'tʃɪldrən]

Despedidas

Adeus! **Good bye!**
[gʊd baɪ!]

Tchau! **Bye!**
[baɪ!]

Até amanhã. **See you tomorrow.**
[si: ju tə'mɒrəʊ]

Até breve. **See you soon.**
[si: ju su:n]

Até às sete. **See you at seven.**
[si: ju ət sevn]

Diverte-te! **Have fun!**
[hɛv fʌn!]

Falamos mais tarde. **Talk to you later.**
[tɔːk tə ju 'leɪtə]

Bom fim de semana. **Have a nice weekend.**
[hɛv ə naɪs wi:k'end]

Boa noite. **Good night.**
[gʊd naɪt]

Está na hora. **It's time for me to go.**
[ɪts taɪm fə mi: tə gəʊ]

Preciso de ir embora. **I have to go.**
[aɪ hɛv tə gəʊ]

Volto já. **I will be right back.**
[aɪ wɪl bi raɪt bæk]

Já é tarde. **It's late.**
[ɪts leɪt]

Tenho de me levantar cedo. **I have to get up early.**
[aɪ hɛv tə get 'ʌp 'ɜːli]

Vou-me embora amanhã. **I'm leaving tomorrow.**
[aɪm 'li:vɪŋ tə'mɒrəʊ]

Vamos embora amanhã. **We're leaving tomorrow.**
[wɪə 'li:vɪŋ tə'mɒrəʊ]

Boa viagem! **Have a nice trip!**
[hɛv ə naɪs trɪp!]

Tive muito prazer em conhecer-vos. **It was nice meeting you.**
[ɪt wəz naɪs 'mi:tɪŋ ju]

Foi muito agradável falar consigo. **It was nice talking to you.**
[ɪt wəz naɪs 'tɔːkɪŋ tə ju]

Obrigado /Obrigada/ por tudo. **Thanks for everything.**
[θæŋks fər 'evrɪθɪŋ]

Passei um tempo muito agradável.

I had a very good time.
[aɪ həd ə 'veri gʊd taɪm]

Passámos um tempo muito agradável.

We had a very good time.
[wi həd ə 'veri gʊd taɪm]

Foi mesmo fantástico.

It was really great.
[ɪt wəz 'rɪəli greɪt]

Vou ter saudades suas.

I'm going to miss you.
[aɪm 'gəʊɪŋ tə mɪs ju]

Vamos ter saudades suas.

We're going to miss you.
[wɪə 'gəʊɪŋ tə mɪs ju]

Boa sorte!

Good luck!
[gʊd lʌk!]

Dê cumprimentos a ...

Say hi to ...
[seɪ haɪ tə ...]

Língua estrangeira

Eu não entendo.

I don't understand.
[aɪ dəʊnt ʌndə'stænd]

Escreva isso, por favor.

Write it down, please.
[raɪt ɪt daʊn, pli:z]

O senhor /a senhora/ fala ...?

Do you speak ...?
[də ju spi:k ...?]

Eu falo um pouco de ...

I speak a little bit of ...
[aɪ spi:k ə lɪtl bɪt əv ...]

Inglês

English
['ɪŋglɪʃ]

Turco

Turkish
['tɜ:kɪʃ]

Árabe

Arabic
['ærəbɪk]

Francês

French
[frentʃ]

Alemão

German
['dʒɜ:mən]

Italiano

Italian
[ɪ'tæljən]

Espanhol

Spanish
['spænɪʃ]

Português

Portuguese
[pɔ:tʃʊ'gi:z]

Chinês

Chinese
[tʃaɪ'ni:z]

Japonês

Japanese
[dʒæpə'ni:z]

Pode repetir isso, por favor.

Can you repeat that, please.
[kən ju rɪ'pi:t ðæt, pli:z]

Compreendo.

I understand.
[aɪ ʌndə'stænd]

Eu não entendo.

I don't understand.
[aɪ dəʊnt ʌndə'stænd]

Por favor fale mais devagar.

Please speak more slowly.
[pli:z spi:k mɔ: 'sləʊli]

Isso está certo?

Is that correct?
[ɪz ðət kə'rekt?]

O que é isto? (O que significa?)

What is this?
[wɒts ðɪs?]

Desculpas

Desculpe-me, por favor.	**Excuse me, please.** [ɪk'skju:z mi:, pli:z]
Lamento.	**I'm sorry.** [aɪm 'sɒri]
Tenho muita pena.	**I'm really sorry.** [aɪm 'rɪəli 'sɒri]
Desculpe, a culpa é minha.	**Sorry, it's my fault.** ['sɒri, ɪts maɪ fɔ:t]
O erro foi meu.	**My mistake.** [maɪ mɪ'steɪk]

Posso ...?	**May I ...?** [meɪ aɪ ...?]
O senhor /a senhora/ não se importa se eu ...?	**Do you mind if I ...?** [də ju maɪnd ɪf aɪ ...?]
Não faz mal.	**It's OK.** [ɪts əʊ'keɪ]
Está tudo em ordem.	**It's all right.** [ɪts ɔ:l raɪt]
Não se preocupe.	**Don't worry about it.** [dəʊnt 'wʌri ə'baʊt ɪt]

Acordo

Sim.	**Yes.** [jes]
Sim, claro.	**Yes, sure.** [jes, ʃʊə]
Está bem!	**OK (Good!)** [əʊ'keɪ (gʊd!)]
Muito bem.	**Very well.** ['veri wel]
Claro!	**Certainly!** ['sɜːtnli!]
Concordo.	**I agree.** [aɪ ə'griː]
Certo.	**That's correct.** [ðæts kə'rekt]
Correto.	**That's right.** [ðæts raɪt]
Tem razão.	**You're right.** [jʊə raɪt]
Eu não me oponho.	**I don't mind.** [aɪ dəʊnt maɪnd]
Absolutamente certo.	**Absolutely right.** ['æbsəluːtli raɪt]
É possível.	**It's possible.** [ɪts 'pɒsəbl]
É uma boa ideia.	**That's a good idea.** [ðæts ə gʊd aɪ'dɪə]
Não posso recusar.	**I can't say no.** [aɪ kɑːnt 'seɪ nəʊ]
Terei muito gosto.	**I'd be happy to.** [aɪd bi 'hæpi tuː]
Com prazer.	**With pleasure.** [wɪð 'pleʒə]

Recusa. Expressão de dúvida

Não.	**No.** [nəʊ]
Claro que não.	**Certainly not.** ['sɜːtnli nɒt]
Não concordo.	**I don't agree.** [aɪ dəʊnt ə'griː]
Não creio.	**I don't think so.** [aɪ dəʊnt 'θɪŋk 'səʊ]
Isso não é verdade.	**It's not true.** [ɪts nɒt truː]
O senhor /a senhora/ não tem razão.	**You are wrong.** [ju ə rɒŋ]
Acho que o senhor /a senhora/ não tem razão.	**I think you are wrong.** [aɪ θɪŋk ju ə rɒŋ]
Não tenho a certeza.	**I'm not sure.** [aɪm nɒt ʃʊə]
É impossível.	**It's impossible.** [ɪts ɪm'pɒsəbl]
De modo algum!	**No way!** [nəʊ 'weɪ!]
Exatamente o contrário.	**The exact opposite.** [ði ɪg'zækt 'ɒpəzɪt]
Sou contra.	**I'm against it.** [aɪm ə'genst ɪt]
Não me importo.	**I don't care.** [aɪ dəʊnt 'keə]
Não faço ideia.	**I have no idea.** [aɪ hɛv nəʊ aɪ'dɪə]
Não creio.	**I doubt that.** [aɪ daʊt ðɛt]
Desculpe, mas não posso.	**Sorry, I can't.** ['sɒri, aɪ kɑːnt]
Desculpe, mas não quero.	**Sorry, I don't want to.** ['sɒri, aɪ dəʊnt wɒnt tuː]
Desculpe, não quero isso.	**Thank you, but I don't need this.** [θæŋk ju, bət aɪ dəʊnt niːd ðɪs]
Já é muito tarde.	**It's late.** [ɪts leɪt]

Tenho de me levantar cedo.

I have to get up early.
[aɪ hɛv tə get ˈʌp ˈɜːli]

Não me sinto bem.

I don't feel well.
[aɪ dəʊnt fiːl wel]

Expressão de gratidão

Obrigado /Obrigada/.	**Thank you.** [θæŋk ju]
Muito obrigado /obrigada/.	**Thank you very much.** [θæŋk ju 'veri 'mʌtʃ]
Fico muito grato /grata/.	**I really appreciate it.** [aɪ 'rɪəli ə'priːʃieɪt ɪt]
Estou-lhe muito reconhecido.	**I'm really grateful to you.** [aɪm 'rɪəli 'greɪtfəl tə ju]
Estamos-lhe muito reconhecidos.	**We are really grateful to you.** [wi ə 'rɪəli 'greɪtfəl tə ju]

Obrigado /Obrigada/ pelo seu tempo.	**Thank you for your time.** [θæŋk ju fə jɔː taɪm]
Obrigado /Obrigada/ por tudo.	**Thanks for everything.** [θæŋks fər 'evrɪθɪŋ]
Obrigado /Obrigada/ ...	**Thank you for ...** [θæŋk ju fə ...]
... pela sua ajuda	**your help** [jɔː help]
... por este tempo bem passado	**a nice time** [ə naɪs taɪm]

... pela comida deliciosa	**a wonderful meal** [ə 'wʌndəfəl miːl]
... por esta noite agradável	**a pleasant evening** [ə pleznt 'iːvnɪŋ]
... pelo dia maravilhoso	**a wonderful day** [ə 'wʌndəfəl deɪ]
... pela jornada fantástica	**an amazing journey** [ən ə'meɪzɪŋ 'dʒɜːni]

Não tem de quê.	**Don't mention it.** [dəunt menʃn ɪt]
Não precisa agradecer.	**You are welcome.** [ju ə 'welkəm]
Disponha sempre.	**Any time.** ['eni taɪm]
Foi um prazer ajudar.	**My pleasure.** [maɪ 'pleʒə]
Esqueça isso.	**Forget it. It's alright.** [fə'get ɪt. its əlraɪt]
Não se preocupe.	**Don't worry about it.** [dəunt 'wʌri ə'baut ɪt]

Parabéns. Cumprimentos

Parabéns!
Congratulations!
[kəngrætʊ'leɪʃnz!]

Feliz aniversário!
Happy birthday!
['hæpi 'bɜːθdeɪ!]

Feliz Natal!
Merry Christmas!
['meri 'krɪsməs!]

Feliz Ano Novo!
Happy New Year!
['hæpi njuː 'jiə!]

Feliz Páscoa!
Happy Easter!
['hæpi 'iːstə!]

Feliz Hanukkah!
Happy Hanukkah!
['hæpi 'hɑːnəkə!]

Gostaria de fazer um brinde.
I'd like to propose a toast.
[aɪd laɪk tə prə'pəʊz ə təʊst]

Saúde!
Cheers!
[tʃɪəz!]

Bebamos a ...!
Let's drink to ...!
[lets drɪŋk tə ...!]

Ao nosso sucesso!
To our success!
[tu 'aʊə sək'ses!]

Ao vosso sucesso!
To your success!
[tə jɔː sək'ses!]

Boa sorte!
Good luck!
[gʊd lʌk!]

Tenha um bom dia!
Have a nice day!
[hɛv ə naɪs deɪ!]

Tenha um bom feriado!
Have a good holiday!
[hɛv ə gʊd 'hɒlədeɪ!]

Tenha uma viagem segura!
Have a safe journey!
[hɛv ə seɪf 'dʒɜːni!]

Espero que melhore em breve!
I hope you get better soon!
[aɪ həʊp ju get 'betə suːn!]

Socializando

Porque é que está chateado /chateada/?	**Why are you sad?** [waɪ ə ju sæd?]
Sorria!	**Smile!** [smaɪl!]
Está livre esta noite?	**Are you free tonight?** [ə ju friː təˈnaɪt?]
Posso oferecer-lhe algo para beber?	**May I offer you a drink?** [meɪ aɪ ˈɔfə ju ə drɪŋk?]
Você quer dançar?	**Would you like to dance?** [wʊd ju laɪk tə dɑːns?]
Vamos ao cinema.	**Let's go to the movies.** [lets gəʊ tə ðə ˈmuːvɪz]
Gostaria de a convidar para ir …	**May I invite you to …?** [meɪ aɪ ɪnˈvaɪt ju tə …?]
ao restaurante	**a restaurant** [ə ˈrestrɔnt]
ao cinema	**the movies** [ðə ˈmuːvɪz]
ao teatro	**the theater** [ðə ˈθiːətə]
passear	**go for a walk** [gəʊ fər ə wɔːk]
A que horas?	**At what time?** [ət wɒt taɪm?]
hoje à noite	**tonight** [təˈnaɪt]
às 6 horas	**at six** [ət sɪks]
às 7 horas	**at seven** [ət sevn]
às 8 horas	**at eight** [ət eɪt]
às 9 horas	**at nine** [ət naɪn]
Gosta deste local?	**Do you like it here?** [də ju laɪk ɪt hɪə?]
Está com alguém?	**Are you here with someone?** [ə ju hɪə wɪð ˈsʌmwʌn?]
Estou com o meu amigo.	**I'm with my friend.** [aɪm wɪð maɪ ˈfrend]

Estou com os meus amigos.	**I'm with my friends.** [aɪm wɪð maɪ frendz]
Não, estou sozinho /sozinha/.	**No, I'm alone.** [nəʊ, aɪm ə'ləʊn]

Tens namorado?	**Do you have a boyfriend?** [də ju hɛv ə 'bɔɪfrend?]
Tenho namorado.	**I have a boyfriend.** [aɪ hɛv ə 'bɔɪfrend]
Tens namorada?	**Do you have a girlfriend?** [də ju hɛv ə 'ɡɜːlfrend?]
Tenho namorada.	**I have a girlfriend.** [aɪ hɛv ə 'ɡɜːlfrend]

Posso voltar a vêr-te?	**Can I see you again?** [kən aɪ siː ju ə'ɡen?]
Posso ligar-te?	**Can I call you?** [kən aɪ kɔːl ju?]
Liga-me.	**Call me.** [kɔːl miː]
Qual é o teu número?	**What's your number?** [wɒts jɔː 'nʌmbə?]
Tenho saudades tuas.	**I miss you.** [aɪ mɪs ju]

Tem um nome muito bonito.	**You have a beautiful name.** [ju hɛv ə 'bjuːtəfl neɪm]
Amo-te.	**I love you.** [aɪ lʌv ju]
Quer casar comigo?	**Will you marry me?** [wɪl ju 'mæri miː?]

Você está a brincar!	**You're kidding!** [jə 'kɪdɪŋ!]
Estou só a brincar.	**I'm just kidding.** [aɪm dʒəst 'kɪdɪŋ]

Está a falar a sério?	**Are you serious?** [ə ju 'sɪərɪəs?]
Estou a falar a sério.	**I'm serious.** [aɪm 'sɪərɪəs]
De verdade?!	**Really?!** ['rɪəli?!]
Incrível!	**It's unbelievable!** [ɪts ʌnbɪ'liːvəbl!]
Não acredito.	**I don't believe you.** [aɪ dəʊnt bɪ'liːv ju]

Não posso.	**I can't.** [aɪ kɑːnt]
Não sei.	**I don't know.** [aɪ dəʊnt nəʊ]

Não entendo o que está a dizer.

I don't understand you.
[aɪ dəʊnt ʌndə'stænd ju]

Saia, por favor.

Please go away.
[pliːz gəʊ ə'weɪ]

Deixe-me em paz!

Leave me alone!
[liːv miː ə'ləʊn!]

Eu não o suporto.

I can't stand him.
[aɪ kɑːnt stænd hɪm]

Você é detestável!

You are disgusting!
[ju ə dɪs'gʌstɪŋ!]

Vou chamar a polícia!

I'll call the police!
[aɪl kɔːl ðə pə'liːs!]

Partilha de impressões. Emoções

Gosto disto.	**I like it.** [aɪ laɪk ɪt]
É muito simpático.	**Very nice.** ['veri naɪs]
Fixe!	**That's great!** [ðæts 'greɪt!]
Não é mau.	**It's not bad.** [ɪts nɒt bæd]
Não gosto disto.	**I don't like it.** [aɪ dəʊnt laɪk ɪt]
Isso não está certo.	**It's not good.** [ɪts nɒt gʊd]
Isso é mau.	**It's bad.** [ɪts bæd]
Isso é muito mau.	**It's very bad.** [ɪts 'veri bæd]
Isso é asqueroso.	**It's disgusting.** [ɪts dɪs'gʌstɪŋ]
Estou feliz.	**I'm happy.** [aɪm 'hæpi]
Estou contente.	**I'm content.** [aɪm kən'tent]
Estou apaixonado /apaixonada/.	**I'm in love.** [aɪm ɪn lʌv]
Estou calmo /calma/.	**I'm calm.** [aɪm kɑːm]
Estou aborrecido /aborrecida/.	**I'm bored.** [aɪm bɔːd]
Estou cansado /cansada/.	**I'm tired.** [aɪm 'taɪəd]
Estou triste.	**I'm sad.** [aɪm sæd]
Estou apavorado /apavorada/.	**I'm frightened.** [aɪm 'fraɪtnd]
Estou zangado /zangada/.	**I'm angry.** [aɪm 'æŋgri]
Estou preocupado /preocupada/.	**I'm worried.** [aɪm 'wʌrɪd]
Estou nervoso /nervosa/.	**I'm nervous.** [aɪm 'nɜːvəs]

Estou ciumento /ciumenta/.

I'm jealous.
[aɪm 'dʒeləs]

Estou surpreendido /surpreendida/.

I'm surprised.
[aɪm sə'praɪzd]

Estou perplexo /perplexa/.

I'm perplexed.
[aɪm pə'plekst]

Problemas. Acidentes

Tenho um problema.

I've got a problem.
[aɪv gɒt ə 'prɒbləm]

Temos um problema.

We've got a problem.
[wiv gɒt ə 'prɒbləm]

Estou perdido.

I'm lost.
[aɪm lɒst]

Perdi o último autocarro.

I missed the last bus (train).
[aɪ mɪst ðə lɑːst bʌs (treɪn)]

Não me resta nenhum dinheiro.

I don't have any money left.
[aɪ dəunt hɛv 'eni 'mʌni left]

Eu perdi …

I've lost my …
[aɪv lɒst maɪ …]

Roubaram-me …

Someone stole my …
['sʌmwʌn stəul maɪ …]

o meu passaporte

passport
['pɑːspɔːt]

a minha carteira

wallet
['wɒlɪt]

os meus papéis

papers
['peɪpəz]

o meu bilhete

ticket
['tɪkɪt]

o dinheiro

money
['mʌni]

a minha mala

handbag
['hændbæg]

a minha camara

camera
['kæmərə]

o meu computador

laptop
['læptɒp]

o meu tablet

tablet computer
['tæblɪt kəm'pjuːtə]

o meu telemóvel

mobile phone
['məubaɪl fəun]

Ajude-me!

Help me!
[help miː!]

O que é que aconteceu?

What's happened?
[wɒts 'hæpənd?]

fogo

fire
['faɪə]

tiroteio	**shooting** ['ʃuːtɪŋ]
assassínio	**murder** [a 'mɜːdə]
explosão	**explosion** [ɪk'spləʊʒn]
briga	**fight** [a faɪt]

Chame a polícia!	**Call the police!** [kɔːl ðə pə'liːs!]
Mais depressa, por favor!	**Please hurry up!** [pliːz 'hʌri ʌp!]
Estou à procura de uma esquadra de polícia.	**I'm looking for the police station.** [aɪm 'lʊkɪŋ fər ðə pə'liːs steɪʃn]
Preciso de telefonar.	**I need to make a call.** [aɪ niːd tə meɪk ə kɔːl]
Posso telefonar?	**May I use your phone?** [meɪ aɪ juːz jɔː fəʊn?]

Fui …	**I've been …** [aɪv biːn …]
assaltado /assaltada/	**mugged** [mʌgd]
roubado /roubada/	**robbed** [rɒbd]
violada	**raped** [reɪpt]
atacado /atacada/	**attacked** [ə'tækt]

Está tudo bem consigo?	**Are you all right?** [ə ju ɔːl raɪt?]
Viu quem foi?	**Did you see who it was?** [dɪd ju siː huː ɪt wɒz?]
Seria capaz de reconhecer a pessoa?	**Would you be able to recognize the person?** [wʊd ju bi eɪbl tə 'rekəgnaɪz ðə 'pɜːsn?]
Tem a certeza?	**Are you sure?** [ə ju ʃʊə?]

Acalme-se, por favor.	**Please calm down.** [pliːz kɑːm daʊn]
Calma!	**Take it easy!** [teɪk ɪt 'iːzi!]
Não se preocupe.	**Don't worry!** [dəʊnt 'wʌri!]
Vai ficar tudo bem.	**Everything will be fine.** ['evrɪθɪŋ wɪl bi faɪn]
Está tudo em ordem.	**Everything's all right.** ['evrɪθɪŋz ɔːl raɪt]

Chegue aqui, por favor.

Come here, please.
[kʌm hɪə, pliːz]

Tenho algumas questões a colocar-lhe.

I have some questions for you.
[aɪ hɛv səm 'kwestʃənz fə ju]

Aguarde um momento, por favor.

Wait a moment, please.
[weɪt ə 'məʊmənt, pliːz]

Tem alguma identificação?

Do you have any I.D.?
[də ju hɛv 'eni aɪ diː.?]

Obrigado. Pode ir.

Thanks. You can leave now.
[θæŋks. ju kən liːv naʊ]

Mãos atrás da cabeça!

Hands behind your head!
[hændz bɪ'haɪnd jɔː hed!]

Você está preso!

You're under arrest!
[jər 'ʌndər ə'rest!]

Problemas de saúde

Ajude-me, por favor.	**Please help me.** [pliːz help miː]
Não me sinto bem.	**I don't feel well.** [aɪ dəʊnt fiːl wel]
O meu marido não se sente bem.	**My husband doesn't feel well.** [maɪ 'hʌzbənd 'dʌznt fiːl wel]
O meu filho ...	**My son ...** [maɪ sʌn ...]
O meu pai ...	**My father ...** [maɪ 'fɑːðə ...]

A minha mulher não se sente bem.	**My wife doesn't feel well.** [maɪ waɪf 'dʌznt fiːl wel]
A minha filha ...	**My daughter ...** [maɪ 'dɔːtə ...]
A minha mãe ...	**My mother ...** [maɪ 'mʌðə ...]

Tenho uma ...	**I've got a ...** [aɪv gɒt ə ...]
dor de cabeça	**headache** ['hedeɪk]
dor de garganta	**sore throat** [sɔː θrəʊt]
dor de barriga	**stomach ache** ['stʌmək eɪk]
dor de dentes	**toothache** ['tuːθeɪk]

Estou com tonturas.	**I feel dizzy.** [aɪ fiːl 'dɪzi]
Ele está com febre.	**He has a fever.** [hi həz ə 'fiːvə]
Ela está com febre.	**She has a fever.** [ʃi həz ə 'fiːvə]
Não consigo respirar.	**I can't breathe.** [aɪ kɑːnt briːð]

Estou a sufocar.	**I'm short of breath.** [aɪm ʃɔːt əv breθ]
Sou asmático /asmática/.	**I am asthmatic.** [aɪ əm æs'mætɪk]
Sou diabético /diabética/.	**I am diabetic.** [aɪ əm daɪə'betɪk]

Estou com insónia.

I can't sleep.
[aɪ kɑːnt sliːp]

intoxicação alimentar

food poisoning
[fuːd ˈpɔɪznɪŋ]

Dói aqui

It hurts here.
[ɪt hɜːts hɪə]

Ajude-me!

Help me!
[help miː!]

Estou aqui!

I am here!
[aɪ əm hɪə!]

Estamos aqui!

We are here!
[wi ə hɪə!]

Tirem-me daqui!

Get me out of here!
[get miː aʊt əv hɪə!]

Preciso de um médico.

I need a doctor.
[aɪ niːd ə ˈdɒktə]

Não me consigo mexer.

I can't move.
[aɪ kɑːnt muːv!]

Não consigo mover as pernas.

I can't move my legs.
[aɪ kɑːnt muːv maɪ legz]

Estou ferido.

I have a wound.
[aɪ hɛv ə wuːnd]

É grave?

Is it serious?
[ɪz ɪt ˈsɪərɪəs?]

Tenho os documentos no bolso.

My documents are in my pocket.
[maɪ ˈdɒkjʊments ər ɪn maɪ ˈpɒkɪt]

Acalme-se!

Calm down!
[kɑːm daʊn!]

Posso telefonar?

May I use your phone?
[meɪ aɪ juːz jɔː fəʊn?]

Chame uma ambulância!

Call an ambulance!
[kɔːl ən ˈæmbjələns!]

É urgente!

It's urgent!
[ɪts ˈɜːdʒənt!]

É uma emergência!

It's an emergency!
[ɪts ən ɪˈmɜːdʒənsi!]

Mais depressa, por favor!

Please hurry up!
[pliːz ˈhʌri ˈʌp!]

Chame o médico, por favor.

Would you please call a doctor?
[wʊd ju pliːz kɔːl ə ˈdɒktə?]

Onde fica o hospital?

Where is the hospital?
[weə ɪz ðə ˈhɒspɪtl?]

Como se sente?

How are you feeling?
[haʊ ə ju ˈfiːlɪŋ?]

Está tudo bem consigo?

Are you all right?
[ə ju ɔːl raɪt?]

O que é que aconteceu?

What's happened?
[wɒts ˈhæpənd?]

Já me sinto melhor.

I feel better now.
[aɪ fiːl 'betə naʊ]

Está tudo em ordem.

It's OK.
[ɪts əʊ'keɪ]

Tubo bem.

It's all right.
[ɪts ɔːl raɪt]

Na farmácia

farmácia	**Pharmacy (drugstore)** ['fɑːməsi ('drʌgstɔː)]
farmácia de serviço	**24-hour pharmacy** ['twenti fɔːr 'aʊə 'fɑːməsi]
Onde fica a farmácia mais próxima?	**Where is the closest pharmacy?** [weə ɪz ðə 'kləʊsɪst 'fɑːməsi?]
Está aberto agora?	**Is it open now?** [ɪz ɪt 'əʊpən naʊ?]
A que horas abre?	**At what time does it open?** [ət wɒt taɪm dəz ɪt 'əʊpən?]
A que horas fecha?	**At what time does it close?** [ət wɒt taɪm dəz ɪt kləʊz?]
Fica longe?	**Is it far?** [ɪz ɪt fɑː?]
Posso ir até lá a pé?	**Can I get there on foot?** [kən aɪ get ðər ɒn fʊt?]
Pode-me mostrar no mapa?	**Can you show me on the map?** [kən ju ʃəʊ mi: ɒn ðə mæp?]
Por favor dê-me algo para …	**Please give me something for …** [pliːz gɪv mi: 'sʌmθɪŋ fə …]
as dores de cabeça	**a headache** [ə 'hedeɪk]
a tosse	**a cough** [ə kɒf]
o resfriado	**a cold** [ə kəʊld]
a gripe	**the flu** [ðə fluː]
a febre	**a fever** [ə 'fiːvə]
uma dor de estômago	**a stomach ache** [ə 'stʌmək eɪk]
as náuseas	**nausea** ['nɔːsɪə]
a diarreia	**diarrhea** [daɪə'rɪə]
a constipação	**constipation** [kɒnstɪ'peɪʃn]
as dores nas costas	**pain in the back** [peɪn ɪn ðə 'bæk]

as dores no peito	**chest pain** [tʃest peɪn]
a sutura	**side stitch** [saɪd stɪtʃ]
as dores abdominais	**abdominal pain** [æb'dɒmɪnəl peɪn]

comprimido	**pill** [pɪl]
unguento, creme	**ointment, cream** ['ɔɪntmənt, kri:m]
charope	**syrup** ['sɪrəp]
spray	**spray** [sprɛj]
dropes	**drops** [drɒps]

Você precisa de ir ao hospital.	**You need to go to the hospital.** [ju ni:d tə gəʊ tə ðə 'hɒspɪtl]
seguro de saúde	**health insurance** [helθ ɪn'ʃʊərəns]
prescrição	**prescription** [prɪ'skrɪpʃn]
repelente de insetos	**insect repellant** ['ɪnsekt rɪ'pelənt]
penso rápido	**sticking plaster** ['stikiŋ 'plastə]

O mínimo

Desculpe, ...	**Excuse me, ...** [ɪkˈskjuːz miː, ...]
Olá!	**Hello.** [həˈləʊ]
Obrigado /Obrigada/.	**Thank you.** [θæŋk ju]
Adeus.	**Good bye.** [gʊd baɪ]
Sim.	**Yes.** [jes]
Não.	**No.** [nəʊ]
Não sei.	**I don't know.** [aɪ dəʊnt nəʊ]
Onde? | Para onde? | Quando?	**Where? | Where to? | When?** [weə? | weə tuː? | wen?]

Preciso de ...	**I need ...** [aɪ niːd ...]
Eu queria ...	**I want ...** [aɪ wɒnt ...]
Tem ...?	**Do you have ...?** [də ju hɛv ...?]
Há aqui ...?	**Is there a ... here?** [ɪz ðər ə ... hɪə?]
Posso ...?	**May I ...?** [meɪ aɪ ...?]
..., por favor	**..., please** [..., pliːz]

Estou à procura de ...	**I'm looking for ...** [aɪm ˈlʊkɪŋ fə ...]
casa de banho	**restroom** [ˈrestruːm]
Multibanco	**ATM** [eɪtiːˈem]
farmácia	**pharmacy, drugstore** [ˈfɑːməsi, ˈdrʌgstɔː]
hospital	**hospital** [ˈhɒspɪtl]
esquadra de polícia	**police station** [pəˈliːs ˈsteɪʃn]
metro	**subway** [ˈsʌbweɪ]

táxi	**taxi** ['tæksi]
estação de comboio	**train station** [treɪn 'steɪʃn]

Chamo-me ...	**My name is ...** [maɪ 'neɪm ɪz ...]
Como se chama?	**What's your name?** [wɒts jɔː 'neɪm?]
Pode-me dar uma ajuda?	**Could you please help me?** [kəd ju pliːz help miː?]
Tenho um problema.	**I've got a problem.** [av gɒt ə 'prɒbləm]
Não me sinto bem.	**I don't feel well.** [aɪ dəunt fiːl wel]
Chame a ambulância!	**Call an ambulance!** [kɔːl ən 'æmbjələns!]
Posso fazer uma chamada?	**May I make a call?** [meɪ aɪ 'meɪk ə kɔːl?]

Desculpe.	**I'm sorry.** [aɪm 'sɒri]
De nada.	**You're welcome.** [juə 'welkəm]

---

eu	**I, me** [aɪ, mi]
tu	**you** [ju]
ele	**he** [hi]
ela	**she** [ʃi]
eles	**they** [ðeɪ]
elas	**they** [ðeɪ]
nós	**we** [wi]
vocês	**you** [ju]
você	**you** [ju]

ENTRADA	**ENTRANCE** ['entrɑːns]
SAÍDA	**EXIT** ['eksɪt]
FORA DE SERVIÇO	**OUT OF ORDER** [aut əv 'ɔːdə]
FECHADO	**CLOSED** [kləuzd]

ABERTO

OPEN
['əʊpən]

PARA SENHORAS

FOR WOMEN
[fə 'wɪmɪn]

PARA HOMENS

FOR MEN
[fə men]

DICIONÁRIO CONCISO

Esta secção contém mais
de 1.500 palavras úteis,
organizadas por ordem
alfabética. O dicionário inclui
muitos termos gastronômicos
e será útil quando pedir
comida num restaurante ou
comprar alimentos numa loja

T&P Books Publishing

CONTEÚDO DO DICIONÁRIO

T&P Books Publishing

tempo (m)	**time**	[taɪm]
hora (f)	**hour**	['aʊə(r)]
meia hora (f)	**half an hour**	[ˌhɑːf ən 'aʊə(r)]
minuto (m)	**minute**	['mɪnɪt]
segundo (m)	**second**	['sekənd]
hoje	**today**	[tə'deɪ]
amanhã	**tomorrow**	[tə'mɒrəʊ]
ontem	**yesterday**	['jestədɪ]
segunda-feira (f)	**Monday**	['mʌndɪ]
terça-feira (f)	**Tuesday**	['tjuːzdɪ]
quarta-feira (f)	**Wednesday**	['wenzdɪ]
quinta-feira (f)	**Thursday**	['θɜːzdɪ]
sexta-feira (f)	**Friday**	['fraɪdɪ]
sábado (m)	**Saturday**	['sætədɪ]
domingo (m)	**Sunday**	['sʌndɪ]
dia (m)	**day**	[deɪ]
dia (m) de trabalho	**working day**	['wɜːkɪŋ deɪ]
feriado (m)	**public holiday**	['pʌblɪk 'hɒlɪdeɪ]
fim (m) de semana	**weekend**	[ˌwiːk'end]
semana (f)	**week**	[wiːk]
na semana passada	**last week**	[ˌlɑːst 'wiːk]
na próxima semana	**next week**	[ˌnekst 'wiːk]
nascer (m) do sol	**sunrise**	['sʌnraɪz]
pôr do sol (m)	**sunset**	['sʌnset]
de manhã	**in the morning**	[ɪn ðə 'mɔːnɪŋ]
à tarde	**in the afternoon**	[ɪn ðə ˌɑːftə'nuːn]
à noite (noitinha)	**in the evening**	[ɪn ðɪ 'iːvnɪŋ]
hoje à noite	**tonight**	[tə'naɪt]
à noite	**at night**	[ət naɪt]
meia-noite (f)	**midnight**	['mɪdnaɪt]
janeiro (m)	**January**	['dʒænjʊərɪ]
fevereiro (m)	**February**	['februərɪ]
março (m)	**March**	[mɑːtʃ]
abril (m)	**April**	['eɪprəl]
maio (m)	**May**	[meɪ]
junho (m)	**June**	[dʒuːn]

julho (m)	July	[dʒuː'laɪ]
agosto (m)	August	['ɔːgəst]
setembro (m)	September	[sep'tembə(r)]
outubro (m)	October	[ɒk'təʊbə(r)]
novembro (m)	November	[nəʊ'vembə(r)]
dezembro (m)	December	[dɪ'sembə(r)]

na primavera	in (the) spring	[ɪn (ðə) sprɪŋ]
no verão	in (the) summer	[ɪn (ðə) 'sʌmə(r)]
no outono	in (the) fall	[ɪn (ðə) fɔːl]
no inverno	in (the) winter	[ɪn (ðə) 'wɪntə(r)]

mês (m)	month	[mʌnθ]
estação (f)	season	['siːzən]
ano (m)	year	[jɪə(r)]

2. Números. Numeração

algarismo, dígito (m)	figure	['fɪgjə]
número (m)	number	['nʌmbə(r)]
menos (m)	minus sign	['maɪnəs saɪn]
mais (m)	plus sign	[plʌs saɪn]
soma (f)	sum, total	[sʌm], ['təʊtəl]

primeiro	first	[fɜːst]
segundo	second	['sekənd]
terceiro	third	[θɜːd]

zero	zero	['zɪərəʊ]
um	one	[wʌn]
dois	two	[tuː]
três	three	[θriː]
quatro	four	[fɔː(r)]

cinco	five	[faɪv]
seis	six	[sɪks]
sete	seven	['sevən]
oito	eight	[eɪt]
nove	nine	[naɪn]
dez	ten	[ten]

onze	eleven	[ɪ'levən]
doze	twelve	[twelv]
treze	thirteen	[ˌθɜː'tiːn]
catorze	fourteen	[ˌfɔː'tiːn]
quinze	fifteen	[fɪf'tiːn]

dezasseis	sixteen	[sɪks'tiːn]
dezassete	seventeen	[ˌsevən'tiːn]
dezoito	eighteen	[ˌeɪ'tiːn]

dezanove	nineteen	[ˌnaɪnˈtiːn]
vinte	twenty	[ˈtwentɪ]
trinta	thirty	[ˈθɜːtɪ]
quarenta	forty	[ˈfɔːtɪ]
cinquenta	fifty	[ˈfɪftɪ]

sessenta	sixty	[ˈsɪkstɪ]
setenta	seventy	[ˈsevəntɪ]
oitenta	eighty	[ˈeɪtɪ]
noventa	ninety	[ˈnaɪntɪ]

cem	one hundred	[ˌwʌn ˈhʌndrəd]
duzentos	two hundred	[tu ˈhʌndrəd]
trezentos	three hundred	[θri: ˈhʌndrəd]
quatrocentos	four hundred	[ˌfɔ: ˈhʌndrəd]
quinhentos	five hundred	[ˌfaɪv ˈhʌndrəd]

seiscentos	six hundred	[sɪks ˈhʌndrəd]
setecentos	seven hundred	[ˈsevən ˈhʌndrəd]
oitocentos	eight hundred	[eɪt ˈhʌndrəd]
novecentos	nine hundred	[ˌnaɪn ˈhʌndrəd]
mil	one thousand	[ˌwʌn ˈθaʊzənd]

| dez mil | ten thousand | [ten ˈθaʊzənd] |
| cem mil | one hundred thousand | [ˌwʌn ˈhʌndrəd ˈθaʊzənd] |

| um milhão | million | [ˈmɪljən] |
| mil milhões | billion | [ˈbɪljən] |

3. Humanos. Família

homem (m)	man	[mæn]
jovem (m)	young man	[jʌŋ mæn]
mulher (f)	woman	[ˈwʊmən]
rapariga (f)	girl, young woman	[gɜːl], [jʌŋ ˈwʊmən]

idade (f)	age	[eɪdʒ]
adulto	adult	[ædˈʌlt]
de meia-idade	middle-aged	[ˌmɪdl ˈeɪdʒd]
de certa idade	elderly	[ˈeldəlɪ]
idoso	old	[əʊld]

velhote (m)	old man	[ˈəʊld ˌmæn]
velhota (f)	old woman	[ˈəʊld ˌwʊmən]
reformar-se (vp)	to retire (vi)	[tə rɪˈtaɪə(r)]
reformado (m)	retiree	[ˌrɪtaɪəˈriː]

mãe (f)	mother	[ˈmʌðə(r)]
pai (m)	father	[ˈfɑːðə(r)]
filho (m)	son	[sʌn]

filha (f)	daughter	['dɔ:tə(r)]
irmão (m)	brother	['brʌðə(r)]
irmã (f)	sister	['sɪstə(r)]

pais (pl)	parents	['peərənts]
criança (f)	child	[tʃaɪld]
crianças (f pl)	children	['tʃɪldrən]
madrasta (f)	stepmother	['step‚mʌðə(r)]
padrasto (m)	stepfather	['step‚fɑ:ðə(r)]

avó (f)	grandmother	['græn‚mʌðə(r)]
avô (m)	grandfather	['grænd‚fɑ:ðə(r)]
neto (m)	grandson	['grænsʌn]
neta (f)	granddaughter	['græn‚dɔ:tə(r)]
netos (pl)	grandchildren	['græn‚tʃɪldrən]

tio (m)	uncle	['ʌŋkəl]
tia (f)	aunt	[ɑ:nt]
sobrinho (m)	nephew	['nefju:]
sobrinha (f)	niece	[ni:s]

mulher (f)	wife	[waɪf]
marido (m)	husband	['hʌzbənd]
casado	married	['mærɪd]
casada	married	['mærɪd]
viúva (f)	widow	['wɪdəʊ]
viúvo (m)	widower	['wɪdəʊə(r)]

| nome (m) | name, first name | [neɪm], ['fɜ:st‚neɪm] |
| apelido (m) | surname, last name | ['sɜ:neɪm], [lɑ:st neɪm] |

parente (m)	relative	['relətɪv]
amigo (m)	friend	[frend]
amizade (f)	friendship	['frendʃɪp]

parceiro (m)	partner	['pɑ:tnə(r)]
superior (m)	boss, superior	[bɒs], [su:'pɪərɪə(r)]
colega (m)	colleague	['kɒli:g]
vizinhos (pl)	neighbors	['neɪbəz]

4. Corpo humano

organismo (m)	organism	['ɔ:gənɪzəm]
corpo (m)	body	['bɒdɪ]
coração (m)	heart	[hɑ:t]
sangue (m)	blood	[blʌd]
cérebro (m)	brain	[breɪn]
nervo (m)	nerve	[nɜ:v]
osso (m)	bone	[bəʊn]
esqueleto (m)	skeleton	['skelɪtən]

coluna (f) vertebral	**spine, backbone**	[spaɪn], ['bækbəʊn]
costela (f)	**rib**	[rɪb]
crânio (m)	**skull**	[skʌl]
músculo (m)	**muscle**	['mʌsəl]
pulmões (m pl)	**lungs**	[lʌŋz]
pele (f)	**skin**	[skɪn]
cabeça (f)	**head**	[hed]
cara (f)	**face**	[feɪs]
nariz (m)	**nose**	[nəʊz]
testa (f)	**forehead**	['fɔːhed]
bochecha (f)	**cheek**	[tʃiːk]
boca (f)	**mouth**	[maʊθ]
língua (f)	**tongue**	[tʌŋ]
dente (m)	**tooth**	[tuːθ]
lábios (m pl)	**lips**	[lɪps]
queixo (m)	**chin**	[tʃɪn]
orelha (f)	**ear**	[ɪə(r)]
pescoço (m)	**neck**	[nek]
garganta (f)	**throat**	[θrəʊt]
olho (m)	**eye**	[aɪ]
pupila (f)	**pupil**	['pjuːpəl]
sobrancelha (f)	**eyebrow**	['aɪbraʊ]
pestana (f)	**eyelash**	['aɪlæʃ]
cabelos (m pl)	**hair**	[heə(r)]
penteado (m)	**hairstyle**	['heəstaɪl]
bigode (m)	**mustache**	['mʌstæʃ]
barba (f)	**beard**	[bɪəd]
usar, ter (~ barba, etc.)	**to have** (vt)	[tə hæv]
calvo	**bald**	[bɔːld]
mão (f)	**hand**	[hænd]
braço (m)	**arm**	[ɑːm]
dedo (m)	**finger**	['fɪŋɡə(r)]
unha (f)	**nail**	[neɪl]
palma (f) da mão	**palm**	[pɑːm]
ombro (m)	**shoulder**	['ʃəʊldə(r)]
perna (f)	**leg**	[leg]
pé (m)	**foot**	[fʊt]
joelho (m)	**knee**	[niː]
talão (m)	**heel**	[hiːl]
costas (f pl)	**back**	[bæk]
cintura (f)	**waist**	[weɪst]
sinal (m)	**beauty mark**	['bjuːtɪ mɑːk]

5. Medicina. Doenças. Drogas

saúde (f)	health	[helθ]
são	well	[wel]
doença (f)	sickness	['sɪknɪs]
estar doente	to be sick	[tə bi 'sɪk]
doente	ill, sick	[ɪl], [sɪk]
constipação (f)	cold	[kəʊld]
constipar-se (vp)	to catch a cold	[tə kætʃ ə 'kəʊld]
amigdalite (f)	tonsillitis	[ˌtɒnsɪ'laɪtɪs]
pneumonia (f)	pneumonia	[njuː'məʊnɪə]
gripe (f)	flu	[fluː]
nariz (m) a escorrer	runny nose	[ˌrʌnɪ 'nəʊz]
tosse (f)	cough	[kɒf]
tossir (vi)	to cough (vi)	[tə kɒf]
espirrar (vi)	to sneeze (vi)	[tə sniːz]
AVC (m), apoplexia (f)	stroke	[strəʊk]
ataque (m) cardíaco	heart attack	['hɑːt əˌtæk]
alergia (f)	allergy	['ælədʒɪ]
asma (f)	asthma	['æsmə]
diabetes (f)	diabetes	[ˌdaɪə'biːtiːz]
tumor (m)	tumor	['tjuːmə(r)]
cancro (m)	cancer	['kænsə(r)]
alcoolismo (m)	alcoholism	['ælkəhɒlɪzəm]
SIDA (f)	AIDS	[eɪdz]
febre (f)	fever	['fiːvə(r)]
enjoo (m)	seasickness	['siːsɪknɪs]
nódoa (f) negra	bruise	[bruːz]
galo (m)	bump	[bʌmp]
coxear (vi)	to limp (vi)	[tə lɪmp]
deslocação (f)	dislocation	[ˌdɪslə'keɪʃən]
deslocar (vt)	to dislocate (vt)	[tə 'dɪsləkeɪt]
fratura (f)	fracture	['fræktʃə(r)]
queimadura (f)	burn	[bɜːn]
lesão (m)	injury	['ɪndʒərɪ]
dor (f)	pain	[peɪn]
dor (f) de dentes	toothache	['tuːθeɪk]
suar (vi)	to sweat (vi)	[tə swet]
surdo	deaf	[def]
mudo	mute	[mjuːt]
imunidade (f)	immunity	[ɪ'mjuːnətɪ]
vírus (m)	virus	['vaɪrəs]
micróbio (m)	microbe	['maɪkrəʊb]

bactéria (f)	**bacterium**	[bæk'tɪərɪəm]
infeção (f)	**infection**	[ɪn'fekʃən]

hospital (m)	**hospital**	['hɒspɪtəl]
cura (f)	**cure**	[kjʊə]
vacinar (vt)	**to vaccinate** (vt)	[tə 'væksɪneɪt]
estar em coma	**to be in a coma**	[tə bi ɪn ə 'kəʊmə]
reanimação (f)	**intensive care**	[ɪn'tensɪv ˌkeə(r)]
sintoma (m)	**symptom**	['sɪmptəm]
pulso (m)	**pulse**	[pʌls]

6. Sentimentos. Emoções. Conversação

eu	**I, me**	[aɪ], [mi:]
tu	**you**	[ju:]
ele	**he**	[hi:]
ela	**she**	[ʃi:]
ele, ela	**it**	[ɪt]

nós	**we**	[wi:]
vocês	**you**	[ju:]
eles, -as	**they**	[ðeɪ]

Olá!	**Hello!**	[hə'ləʊ]
Bom dia! (formal)	**Hello!**	[hə'ləʊ]
Bom dia! (de manhã)	**Good morning!**	[gʊd 'mɔ:nɪŋ]
Boa tarde!	**Good afternoon!**	[gʊd ˌɑ:ftə'nu:n]
Boa noite!	**Good evening!**	[gʊd 'i:vnɪŋ]

cumprimentar (vt)	**to say hello**	[tə seɪ hə'ləʊ]
saudar (vt)	**to greet** (vt)	[tə gri:t]
Como vai?	**How are you?**	[ˌhaʊ ə 'ju:]
Até à vista!	**Bye-Bye! Goodbye!**	[baɪ-baɪ], [gʊd'baɪ]
Obrigado! -a!	**Thank you!**	['θæŋk ju:]

sentimentos (m pl)	**feelings**	['fi:lɪŋz]
ter fome	**to be hungry**	[tə bi 'hʌŋgrɪ]
ter sede	**to be thirsty**	[tə bi 'θɜ:stɪ]
cansado	**tired**	['taɪəd]

preocupar-se (vp)	**to be worried**	[tə bi 'wʌrɪd]
estar nervoso	**to be nervous**	[tə bi 'nɜ:vəs]
esperança (f)	**hope**	[həʊp]
esperar (vt)	**to hope** (vi, vt)	[tə həʊp]

caráter (m)	**character**	['kærəktə(r)]
modesto	**modest**	['mɒdɪst]
preguiçoso	**lazy**	['leɪzɪ]
generoso	**generous**	['dʒenərəs]
talentoso	**talented**	['tæləntɪd]

honesto	**honest**	['ɒnɪst]
sério	**serious**	['sɪərɪəs]
tímido	**shy, timid**	[ʃaɪ], ['tɪmɪd]
sincero	**sincere**	[sɪn'sɪə(r)]
cobarde (m)	**coward**	['kaʊəd]
dormir (vi)	**to sleep** (vi)	[tə sliːp]
sonho (m)	**dream**	[driːm]
cama (f)	**bed**	[bed]
almofada (f)	**pillow**	['pɪləʊ]
insónia (f)	**insomnia**	[ɪn'sɒmnɪə]
ir para a cama	**to go to bed**	[tə gəʊ tə bed]
pesadelo (m)	**nightmare**	['naɪtmeə(r)]
despertador (m)	**alarm clock**	[ə'lɑːm klɒk]
sorriso (m)	**smile**	[smaɪl]
sorrir (vi)	**to smile** (vi)	[tə smaɪl]
rir (vi)	**to laugh** (vi)	[tə lɑːf]
discussão (f)	**quarrel**	['kwɒrəl]
insulto (m)	**insult**	['ɪnsʌlt]
ofensa (f)	**resentment**	[rɪ'zentmənt]
zangado	**angry**	['æŋgrɪ]

7. Vestuário. Acessórios pessoais

roupa (f)	**clothes**	[kləʊðz]
sobretudo (m)	**coat, overcoat**	[kəʊt], ['əʊvəkəʊt]
casaco (m) de peles	**fur coat**	['fɜː kəʊt]
casaco, blusão (m)	**jacket**	['dʒækɪt]
impermeável (m)	**raincoat**	['reɪnkəʊt]
camisa (f)	**shirt**	[ʃɜːt]
calças (f pl)	**pants**	[pænts]
casaco (m) de fato	**jacket**	['dʒækɪt]
fato (m)	**suit**	[suːt]
vestido (ex. ~ vermelho)	**dress**	[dres]
saia (f)	**skirt**	[skɜːt]
T-shirt, camiseta (f)	**T-shirt**	['tiː.ʃɜːt]
roupão (m) de banho	**bathrobe**	['bɑːθrəʊb]
pijama (m)	**pajamas**	[pə'dʒɑːməz]
roupa (f) de trabalho	**workwear**	[wɜːkweə(r)]
roupa (f) interior	**underwear**	['ʌndəweə(r)]
peúgas (f pl)	**socks**	[sɒks]
sutiã (m)	**bra**	[brɑː]
meias-calças (f pl)	**pantyhose**	['pæntɪhəʊz]
meias (f pl)	**stockings**	['stɒkɪŋz]

fato (m) de banho	bathing suit	['beɪðɪŋ suːt]
chapéu (m)	hat	[hæt]
calçado (m)	footwear	['fʊtweə(r)]
botas (f pl)	boots	[buːts]
salto (m)	heel	[hiːl]
atacador (m)	shoestring	['ʃuːstrɪŋ]
graxa (f) para calçado	shoe polish	[ʃuː 'pɒlɪʃ]

algodão (m)	cotton	['kɒtən]
lã (f)	wool	[wʊl]
pele (f)	fur	[fɜː(r)]

luvas (f pl)	gloves	[glʌvz]
mitenes (f pl)	mittens	['mɪtənz]
cachecol (m)	scarf	[skɑːf]
óculos (m pl)	glasses	[glɑːsɪz]
guarda-chuva (m)	umbrella	[ʌm'brelə]

gravata (f)	tie	[taɪ]
lenço (m)	handkerchief	['hæŋkətʃɪf]
pente (m)	comb	[kəʊm]
escova (f) para o cabelo	hairbrush	['heəbrʌʃ]

fivela (f)	buckle	['bʌkəl]
cinto (m)	belt	[belt]
bolsa (f) de senhora	purse	[pɜːs]

colarinho (m), gola (f)	collar	['kɒlə(r)]
bolso (m)	pocket	['pɒkɪt]
manga (f)	sleeve	[sliːv]
braguilha (f)	fly	[flaɪ]

fecho (m) de correr	zipper	['zɪpə(r)]
botão (m)	button	['bʌtən]
sujar-se (vp)	to get dirty (vi)	[tə get 'dɜːtɪ]
mancha (f)	stain	[steɪn]

8. Cidade. Instituições urbanas

loja (f)	store	[stɔː(r)]
centro (m) comercial	shopping mall	['ʃɒpɪŋ mɔːl]
supermercado (m)	supermarket	['suːpəˌmɑːkɪt]
sapataria (f)	shoe store	['ʃuː stɔː(r)]
livraria (f)	bookstore	['bʊkstɔː(r)]

farmácia (f)	drugstore, pharmacy	['drʌgstɔː(r)], ['fɑːməsɪ]
padaria (f)	bakery	['beɪkərɪ]
pastelaria (f)	candy store	['kændɪ stɔː(r)]
mercearia (f)	grocery store	['grəʊsərɪ stɔː(r)]
talho (m)	butcher shop	['bʊtʃəzʃɒp]

| loja (f) de legumes | produce store | ['prɒdjuːs stɔː] |
| mercado (m) | market | ['mɑːkɪt] |

salão (m) de cabeleireiro	hair salon	['heə 'sælɒn]
correios (m pl)	post office	[pəʊst 'ɒfɪs]
lavandaria (f)	dry cleaners	[ˌdraɪ 'kliːnəz]
circo (m)	circus	['sɜːkəs]
jardim (m) zoológico	zoo	[zuː]

teatro (m)	theater	['θɪətə(r)]
cinema (m)	movie theater	['muːvɪ 'θɪətə(r)]
museu (m)	museum	[mjuː'ziːəm]
biblioteca (f)	library	['laɪbrərɪ]

mesquita (f)	mosque	[mɒsk]
sinagoga (f)	synagogue	['sɪnəgɒg]
catedral (f)	cathedral	[kə'θiːdrəl]
templo (m)	temple	['tempəl]
igreja (f)	church	[tʃɜːtʃ]

instituto (m)	college	['kɒlɪdʒ]
universidade (f)	university	[ˌjuːnɪ'vɜːsətɪ]
escola (f)	school	[skuːl]

hotel (m)	hotel	[həʊ'tel]
banco (m)	bank	[bæŋk]
embaixada (f)	embassy	['embəsɪ]
agência (f) de viagens	travel agency	['trævəl 'eɪdʒənsɪ]

| metro (m) | subway | ['sʌbweɪ] |
| hospital (m) | hospital | ['hɒspɪtəl] |

| posto (m) de gasolina | gas station | [gæs 'steɪʃən] |
| parque (m) de estacionamento | parking lot | ['pɑːkɪŋ lɒt] |

ENTRADA	ENTRANCE	['entrəns]
SAÍDA	EXIT	['eksɪt]
EMPURRE	PUSH	[pʊʃ]
PUXE	PULL	[pʊl]

| ABERTO | OPEN | ['əʊpən] |
| FECHADO | CLOSED | [kləʊzd] |

monumento (m)	monument	['mɒnjʊmənt]
fortaleza (f)	fortress	['fɔːtrɪs]
palácio (m)	palace	['pælɪs]

medieval	medieval	[ˌmedɪ'iːvəl]
antigo	ancient	['eɪnʃənt]
nacional	national	['næʃənəl]
conhecido	well-known	[wel'nəʊn]

9. Dinheiro. Finanças

dinheiro (m)	money	['mʌnɪ]
moeda (f)	coin	[kɔɪn]
dólar (m)	dollar	['dɒlə(r)]
euro (m)	euro	['jʊərəʊ]
Caixa Multibanco (m)	ATM	[ˌeɪtiː'em]
casa (f) de câmbio	currency exchange	['kʌrənsɪ ɪks'tʃeɪndʒ]
taxa (f) de câmbio	exchange rate	[ɪks'tʃeɪndʒ reɪt]
dinheiro (m) vivo	cash	[kæʃ]
Quanto?	How much?	[ˌhaʊ 'mʌtʃ]
pagar (vt)	to pay (vi, vt)	[tə peɪ]
pagamento (m)	payment	['peɪmənt]
troco (m)	change	[tʃeɪndʒ]
preço (m)	price	[praɪs]
desconto (m)	discount	['dɪskaʊnt]
barato	cheap	[tʃiːp]
caro	expensive	[ɪk'spensɪv]
banco (m)	bank	[bæŋk]
conta (f)	account	[ə'kaʊnt]
cartão (m) de crédito	credit card	['kredɪt kɑːd]
cheque (m)	check	[tʃek]
passar um cheque	to write a check	[tə ˌraɪt ə 'tʃek]
livro (m) de cheques	checkbook	['tʃekˌbʊk]
dívida (f)	debt	[det]
devedor (m)	debtor	['detə(r)]
emprestar (vt)	to lend (vt)	[tə lend]
pedir emprestado	to borrow (vt)	[tə 'bɒrəʊ]
alugar (vestidos, etc.)	to rent (vt)	[tə rent]
a crédito	on credit	[ɒn 'kredɪt]
carteira (f)	wallet	['wɒlɪt]
cofre (m)	safe	[seɪf]
herança (f)	inheritance	[ɪn'herɪtəns]
fortuna (riqueza)	fortune	['fɔːtʃuːn]
imposto (m)	tax	[tæks]
multa (f)	fine	[faɪn]
multar (vt)	to fine (vt)	[tə faɪn]
grossista	wholesale	['həʊlseɪl]
a retalho	retail	['riːteɪl]
fazer um seguro	to insure (vt)	[tu ɪn'ʃʊə:(r)]
seguro (m)	insurance	[ɪn'ʃʊə:rəns]
capital (m)	capital	['kæpɪtəl]
volume (m) de negócios	turnover	['tɜːnˌəʊvə(r)]

ação (f)	stock, share	[stɒk], [ʃeə(r)]
lucro (m)	profit	['prɒfɪt]
lucrativo	profitable	['prɒfɪtəbəl]
crise (f)	crisis	['kraɪsɪs]
bancarrota (f)	bankruptcy	['bæŋkrʌptsɪ]
entrar em falência	to go bankrupt	[tə gəʊ 'bæŋkrʌpt]
contabilista (m)	accountant	[ə'kaʊntənt]
salário, ordenado (m)	salary	['sælərɪ]
prémio (m)	bonus	['bəʊnəs]

10. Transportes

autocarro (m)	bus	[bʌs]
elétrico (m)	streetcar	['striːtkɑː(r)]
troleicarro (m)	trolley bus	['trɒlɪbʌs]
ir de ... (carro, etc.)	to go by ...	[tə gəʊ baɪ]
entrar (~ no autocarro)	to get on	[tə get ɒn]
descer de ...	to get off ...	[tə get ɒf]
paragem (f)	stop	[stɒp]
ponto (m) final	terminus	['tɜːmɪnəs]
horário (m)	schedule	['skedʒʊl]
bilhete (m)	ticket	['tɪkɪt]
atrasar-se (vp)	to be late	[tə bi 'leɪt]
táxi (m)	taxi, cab	['tæksɪ], [kæb]
de táxi (ir ~)	by taxi	[baɪ 'tæksɪ]
praça (f) de táxis	taxi stand	['tæksɪ stænd]
tráfego (m)	traffic	['træfɪk]
horas (f pl) de ponta	rush hour	['rʌʃ ˌaʊə(r)]
estacionar (vi)	to park (vi)	[tə pɑːk]
metro (m)	subway	['sʌbweɪ]
estação (f)	station	['steɪʃən]
comboio (m)	train	[treɪn]
estação (f)	train station	[treɪn 'steɪʃən]
trilhos (m pl)	rails	[reɪlz]
compartimento (m)	compartment	[kəm'pɑːtmənt]
cama (f)	berth	[bɜːθ]
avião (m)	airplane	['eəpleɪn]
bilhete (m) de avião	air ticket	['eə 'tɪkɪt]
companhia (f) aérea	airline	['eəlaɪn]
aeroporto (m)	airport	['eəpɔːt]
voo (m)	flight	[flaɪt]
bagagem (f)	luggage	['lʌgɪdʒ]

carrinho (m)	luggage cart	['lʌgɪdʒ kɑːt]
navio (m)	ship	[ʃɪp]
transatlântico (m)	cruise ship	[kruːz ʃɪp]
iate (m)	yacht	[jɒt]
bote, barco (m)	boat	[bəʊt]

capitão (m)	captain	['kæptɪn]
camarote (m)	cabin	['kæbɪn]
porto (m)	port	[pɔːt]

bicicleta (f)	bicycle	['baɪsɪkəl]
scotter, lambreta (f)	scooter	['skuːtə(r)]
mota (f)	motorcycle, bike	['məʊtəˌsaɪkəl], [baɪk]
pedal (m)	pedal	['pedəl]
bomba (f) de ar	pump	[pʌmp]
roda (f)	wheel	[wiːl]

carro, automóvel (m)	automobile, car	['ɔːtəməbiːl], [kɑː(r)]
ambulância (f)	ambulance	['æmbjʊləns]
camião (m)	truck	[trʌk]
usado	used	[juːzd]
acidente (m) de carro	car crash	[kɑːr kræʃ]
reparação (f)	repair	[rɪ'peə(r)]

11. Comida. Parte 1

carne (f)	meat	[miːt]
galinha (f)	chicken	['tʃɪkɪn]
pato (m)	duck	[dʌk]

carne (f) de porco	pork	[pɔːk]
carne (f) de vitela	veal	[viːl]
carne (f) de carneiro	lamb	[læm]
carne (f) de vaca	beef	[biːf]

chouriço (m)	sausage	['sɒsɪdʒ]
ovo (m)	egg	[eg]
peixe (m)	fish	[fɪʃ]
queijo (m)	cheese	[tʃiːz]
açúcar (m)	sugar	['ʃʊgə(r)]
sal (m)	salt	[sɔːlt]

arroz (m)	rice	[raɪs]
massas (f pl)	pasta	['pæstə]
manteiga (f)	butter	['bʌtə(r)]
óleo (m)	vegetable oil	['vedʒtəbəl ɔɪl]
pão (m)	bread	[bred]
chocolate (m)	chocolate	['tʃɒkələt]
vinho (m)	wine	[waɪn]
café (m)	coffee	['kɒfɪ]

leite (m)	milk	[mɪlk]
sumo (m)	juice	[dʒuːs]
cerveja (f)	beer	[bɪə(r)]
chá (m)	tea	[tiː]
tomate (m)	tomato	[təˈmeɪtəʊ]
pepino (m)	cucumber	[ˈkjuːkʌmbə(r)]
cenoura (f)	carrot	[ˈkærət]
batata (f)	potato	[pəˈteɪtəʊ]
cebola (f)	onion	[ˈʌnjən]
alho (m)	garlic	[ˈgɑːlɪk]
couve (f)	cabbage	[ˈkæbɪdʒ]
beterraba (f)	beetroot	[ˈbiːtruːt]
beringela (f)	eggplant	[ˈegplɑːnt]
funcho, endro (m)	dill	[dɪl]
alface (f)	lettuce	[ˈletɪs]
milho (m)	corn	[kɔːn]
fruta (f)	fruit	[fruːt]
maçã (f)	apple	[ˈæpəl]
pera (f)	pear	[peə(r)]
limão (m)	lemon	[ˈlemən]
laranja (f)	orange	[ˈɒrɪndʒ]
morango (m)	strawberry	[ˈstrɔːbərɪ]
ameixa (f)	plum	[plʌm]
framboesa (f)	raspberry	[ˈrɑːzbərɪ]
ananás (m)	pineapple	[ˈpaɪnˌæpəl]
banana (f)	banana	[bəˈnɑːnə]
melancia (f)	watermelon	[ˈwɔːtəˌmelən]
uva (f)	grape	[greɪp]
meloa (f)	melon	[ˈmelən]

12. Comida. Parte 2

cozinha (~ portuguesa)	cuisine	[kwɪˈziːn]
receita (f)	recipe	[ˈresɪpɪ]
comida (f)	food	[fuːd]
tomar o pequeno-almoço	to have breakfast	[tə hæv ˈbrekfəst]
almoçar (vi)	to have lunch	[tə hæv lʌntʃ]
jantar (vi)	to have dinner	[tə hæv ˈdɪnə(r)]
sabor, gosto (m)	taste, flavor	[teɪst], [ˈfleɪvə(r)]
gostoso	tasty	[ˈteɪstɪ]
frio	cold	[kəʊld]
quente	hot	[hɒt]
doce (açucarado)	sweet	[swiːt]
salgado	salty	[ˈsɔːltɪ]

sandes (f)	sandwich	['sænwɪdʒ]
conduto (m)	side dish	[saɪd dɪʃ]
recheio (m)	filling	['fɪlɪŋ]
molho (m)	sauce	[sɔːs]
pedaço (~ de bolo)	piece	[piːs]

dieta (f)	diet	['daɪət]
vitamina (f)	vitamin	['vaɪtəmɪn]
caloria (f)	calorie	['kælərɪ]
vegetariano (m)	vegetarian	[ˌvedʒɪ'teərɪən]

restaurante (m)	restaurant	['restrɒnt]
café (m)	coffee house	['kɒfɪ ˌhaʊs]
apetite (m)	appetite	['æpɪtaɪt]
Bom apetite!	Enjoy your meal!	[ɪn'dʒɔɪ jɔː ˌmiːl]

empregado (m) de mesa	waiter	['weɪtə(r)]
empregada (f) de mesa	waitress	['weɪtrɪs]
barman (m)	bartender	['bɑːrˌtendə(r)]
ementa (f)	menu	['menjuː]

colher (f)	spoon	[spuːn]
faca (f)	knife	[naɪf]
garfo (m)	fork	[fɔːk]
chávena (f)	cup	[kʌp]

prato (m)	plate	[pleɪt]
pires (m)	saucer	['sɔːsə(r)]
guardanapo (m)	napkin	['næpkɪn]
palito (m)	toothpick	['tuːθpɪk]

pedir (vt)	to order (vi, vt)	[tə 'ɔːdə(r)]
prato (m)	course, dish	[kɔːs], [dɪʃ]
porção (f)	portion	['pɔːʃən]
entrada (f)	appetizer	['æpɪtaɪzə(r)]
salada (f)	salad	['sæləd]
sopa (f)	soup	[suːp]

sobremesa (f)	dessert	[dɪ'zɜːt]
doce (m)	jam	[dʒæm]
gelado (m)	ice-cream	[aɪs kriːm]

conta (f)	check	[tʃek]
pagar a conta	to pay the check	[tə peɪ ðə tʃek]
gorjeta (f)	tip	[tɪp]

13. Casa. Apartamento. Parte 1

| casa (f) | house | [haʊs] |
| casa (f) de campo | country house | ['kʌntrɪ haʊs] |

vila (f)	villa	['vɪlə]
andar (m)	floor, story	[flɔː(r)], ['stɔːrɪ]
entrada (f)	entrance	['entrəns]
parede (f)	wall	[wɔːl]
telhado (m)	roof	[ruːf]
chaminé (f)	chimney	['tʃɪmnɪ]
sótão (m)	attic	['ætɪk]

janela (f)	window	['wɪndəʊ]
parapeito (m)	window ledge	['wɪndəʊ ledʒ]
varanda (f)	balcony	['bælkənɪ]

escada (f)	stairs	[steəz]
caixa (f) de correio	mailbox	['meɪlbɒks]
caixote (m) do lixo	garbage can	['gɑːbɪdʒ kæn]
elevador (m)	elevator	['elɪveɪtə(r)]

eletricidade (f)	electricity	[ˌɪlek'trɪsətɪ]
lâmpada (f)	light bulb	['laɪt ˌbʌlb]
interruptor (m)	switch	[swɪtʃ]
tomada (f)	wall socket	[wɔːl 'sɒkɪt]
fusível (m)	fuze, fuse	[fjuːz]

porta (f)	door	[dɔː(r)]
maçaneta (f)	handle	['hændəl]
chave (f)	key	[kiː]
tapete (m) de entrada	doormat	['dɔːmæt]

fechadura (f)	lock	[lɒk]
campainha (f)	doorbell	['dɔːbel]
batida (f)	knock	[nɒk]
bater (vi)	to knock (vi)	[tə nɒk]
vigia (f), olho (m) mágico	peephole	['piːphəʊl]

pátio (m)	yard	[jɑːd]
jardim (m)	garden	['gɑːdən]
piscina (f)	swimming pool	['swɪmɪŋ puːl]
ginásio (m)	gym	[dʒɪm]
campo (m) de ténis	tennis court	['tenɪs kɔːt]
garagem (f)	garage	[gə'rɑːʒ]

propriedade (f) privada	private property	['praɪvɪt 'prɒpətɪ]
sinal (m) de aviso	warning sign	['wɔːnɪŋ saɪn]
guarda (f)	security	[sɪ'kjʊərətɪ]
guarda (m)	security guard	[sɪ'kjʊərətɪ gɑːd]

renovação (f)	renovations	[ˌrenə'veɪʃənz]
renovar (vt), fazer obras	to renovate (vt)	[tə 'renəveɪt]
arranjar (vt)	to put in order	[tə pʊt ɪn 'ɔːdə(r)]
pintar (vt)	to paint (vt)	[tə peɪnt]
papel (m) de parede	wallpaper	['wɔːlˌpeɪpə(r)]
envernizar (vt)	to varnish (vt)	[tə 'vɑːnɪʃ]

tubo (m)	pipe	[paɪp]
ferramentas (f pl)	tools	[tuːlz]
cave (f)	basement	['beɪsmənt]
sistema (m) de esgotos	sewerage	['suərɪdʒ]

14. Casa. Apartamento. Parte 2

apartamento (m)	apartment	[ə'pɑːtmənt]
quarto (m)	room	[rʊːm]
quarto (m) de dormir	bedroom	['bedrʊm]
sala (f) de jantar	dining room	['daɪnɪŋ rʊm]

sala (f) de estar	living room	['lɪvɪŋ ruːm]
escritório (m)	study	['stʌdɪ]
antessala (f)	entry room	['entrɪ ruːm]
quarto (m) de banho	bathroom	['bɑːθrʊm]
quarto (m) de banho	half bath	[hɑːf bɑːθ]

| chão, soalho (m) | floor | [flɔː(r)] |
| teto (m) | ceiling | ['siːlɪŋ] |

limpar o pó	to dust (vt)	[tə dʌst]
aspirador (m)	vacuum cleaner	['vækjuəm 'kliːnə(r)]
aspirar (vt)	to vacuum (vt)	[tə 'vækjuəm]

esfregona (f)	mop	[mɒp]
pano (m), trapo (m)	dust cloth	[dʌst klɒθ]
vassoura (f)	broom	[bruːm]
pá (f) de lixo	dustpan	['dʌstpæn]

mobiliário (m)	furniture	['fɜːnɪtʃə(r)]
mesa (f)	table	['teɪbəl]
cadeira (f)	chair	[tʃeə(r)]
cadeirão (m)	armchair	['ɑːmtʃeə(r)]

biblioteca (f)	bookcase	['bʊkkeɪs]
prateleira (f)	shelf	[ʃelf]
guarda-vestidos (m)	wardrobe	['wɔːdrəʊb]

espelho (m)	mirror	['mɪrə(r)]
tapete (m)	carpet	['kɑːpɪt]
lareira (f)	fireplace	['faɪəpleɪs]
cortinas (f pl)	drapes	[dreɪps]
candeeiro (m) de mesa	table lamp	['teɪbəl læmp]
lustre (m)	chandelier	[ʃændə'lɪə(r)]

cozinha (f)	kitchen	['kɪtʃɪn]
fogão (m) a gás	gas stove	['gæs stəʊv]
fogão (m) elétrico	electric stove	[ɪ'lektrɪk stəʊv]
forno (m) de micro-ondas	microwave oven	['maɪkrəweɪv 'ʌvən]

frigorífico (m)	fridge	[frɪdʒ]
congelador (m)	freezer	['fri:zə(r)]
máquina (f) de lavar louça	dishwasher	['dɪʃˌwɒʃə(r)]
torneira (f)	faucet	['fɔ:sɪt]

moedor (m) de carne	meat grinder	[mi:t 'graɪndə(r)]
espremedor (m)	juicer	['dʒu:sə]
torradeira (f)	toaster	['təʊstə(r)]
batedeira (f)	mixer	['mɪksə(r)]

máquina (f) de café	coffee machine	['kɒfɪ mə'ʃi:n]
chaleira (f)	kettle	['ketəl]
bule (m)	teapot	['ti:pɒt]

televisor (m)	TV set	[ˌti:'vi: set]
videogravador (m)	video, VCR	['vɪdɪəʊ], [ˌvi:si:'ɑ:(r)]
ferro (m) de engomar	iron	['aɪrən]
telefone (m)	telephone	['telɪfəʊn]

15. Profissões. Estatuto social

diretor (m)	director	[dɪ'rektə(r)]
superior (m)	superior	[su:'pɪərɪə]
presidente (m)	president	['prezɪdənt]
assistente (m)	assistant	[ə'sɪstənt]
secretário (m)	secretary	['sekrətərɪ]

proprietário (m)	owner	['əʊnə(r)]
parceiro, sócio (m)	partner	['pɑ:tnə(r)]
acionista (m)	stockholder	['stɒkˌhəʊldə(r)]

homem (m) de negócios	businessman	['bɪznɪsmæn]
milionário (m)	millionaire	[ˌmɪljə'neə(r)]
bilionário (m)	billionaire	[ˌbɪljə'neə(r)]

ator (m)	actor	['æktə(r)]
arquiteto (m)	architect	['ɑ:kɪtekt]
banqueiro (m)	banker	['bæŋkə(r)]
corretor (m)	broker	['brəʊkə(r)]

veterinário (m)	veterinarian	[ˌvetərɪ'neərɪən]
médico (m)	doctor	['dɒktə(r)]
camareira (f)	chambermaid	['tʃeɪmbəˌmeɪd]
designer (m)	designer	[dɪ'zaɪnə(r)]
correspondente (m)	correspondent	[ˌkɒrɪ'spɒndənt]
entregador (m)	delivery man	[dɪ'lɪvərɪ mæn]

eletricista (m)	electrician	[ˌɪlek'trɪʃən]
músico (m)	musician	[mju:'zɪʃən]
babysitter (f)	babysitter	['beɪbɪ ˌsɪtə(r)]

cabeleireiro (m)	hairdresser	['heə͵dresə(r)]
pastor (m)	herder	['hɜ:də(r)]
cantor (m)	singer	['sɪŋə(r)]
tradutor (m)	translator	[træns'leɪtə(r)]
escritor (m)	writer	['raɪtə(r)]
carpinteiro (m)	carpenter	['kɑ:pəntə(r)]
cozinheiro (m)	cook	[kʊk]
bombeiro (m)	fireman	['faɪəmən]
polícia (m)	police officer	[pə'li:s 'ɒfɪsə(r)]
carteiro (m)	mailman	['meɪlmən]
programador (m)	programmer	['prəʊgræmə(r)]
vendedor (m)	salesman	['seɪlzmən]
operário (m)	worker	['wɜ:kə(r)]
jardineiro (m)	gardener	['gɑ:dnə(r)]
canalizador (m)	plumber	['plʌmə(r)]
estomatologista (m)	dentist	['dentɪst]
hospedeira (f) de bordo	flight attendant	[͵flaɪt ə'tendənt]
bailarino (m)	dancer	['dɑ:nsə(r)]
guarda-costas (m)	bodyguard	['bɒdɪgɑ:d]
cientista (m)	scientist	['saɪəntɪst]
professor (m)	teacher	['ti:tʃə(r)]
agricultor (m)	farmer	['fɑ:mə(r)]
cirurgião (m)	surgeon	['sɜ:dʒən]
mineiro (m)	miner	['maɪnə(r)]
cozinheiro chefe (m)	chef	[ʃef]
condutor (automobilista)	driver	['draɪvə(r)]

16. Desporto

tipo (m) de desporto	kind of sports	[kaɪnd əv spɔ:ts]
futebol (m)	soccer	['sɒkə(r)]
hóquei (m)	hockey	[͵hɒkɪ]
basquetebol (m)	basketball	['bɑ:skɪtbɔ:l]
beisebol (m)	baseball	['beɪsbɔ:l]
voleibol (m)	volleyball	['vɒlɪbɔ:l]
boxe (m)	boxing	['bɒksɪŋ]
luta (f)	wrestling	['reslɪŋ]
ténis (m)	tennis	['tenɪs]
natação (f)	swimming	['swɪmɪŋ]
xadrez (m)	chess	[tʃes]
corrida (f)	running	['rʌnɪŋ]
atletismo (m)	athletics	[æθ'letɪks]
patinagem (f) artística	figure skating	['fɪgjə 'skeɪtɪŋ]

ciclismo (m)	cycling	['saɪklɪŋ]
bilhar (m)	billiards	['bɪljədz]
musculação (f)	bodybuilding	['bɒdɪˌbɪldɪŋ]
golfe (m)	golf	[gɒlf]
mergulho (m)	scuba diving	['sku:bə 'daɪvɪŋ]
vela (f)	sailing	['seɪlɪŋ]
tiro (m) com arco	archery	['ɑːtʃərɪ]
tempo (m)	period, half	['pɪərɪəd], [hɑːf]
intervalo (m)	half-time	[hɑːf taɪm]
empate (m)	tie	[taɪ]
empatar (vi)	to tie (vi)	[tə taɪ]
passadeira (f)	treadmill	['tredmɪl]
jogador (m)	player	['pleɪə(r)]
jogador (m) de reserva	substitute	['sʌbstɪtju:t]
banco (m) de reservas	substitutes bench	['sʌbstɪtju:ts bentʃ]
jogo (desafio)	match	[mætʃ]
baliza (f)	goal	[gəʊl]
guarda-redes (m)	goalkeeper	['gəʊlˌki:pə(r)]
golo (m)	goal	[gəʊl]
Jogos (m pl) Olímpicos	Olympic Games	[ə'lɪmpɪk geɪmz]
estabelecer um recorde	to set a record	[tə set ə 'rekɔ:d]
final (m)	final	['faɪnəl]
campeão (m)	champion	['tʃæmpjən]
campeonato (m)	championship	['tʃæmpjənʃɪp]
vencedor (m)	winner	['wɪnə(r)]
vitória (f)	victory	['vɪktərɪ]
ganhar (vi)	to win (vi)	[tə wɪn]
medalha (f)	medal	['medəl]
primeiro lugar (m)	first place	[fɜːst pleɪs]
segundo lugar (m)	second place	['sekənd pleɪs]
terceiro lugar (m)	third place	[θɜːd pleɪs]
estádio (m)	stadium	['steɪdjəm]
fã, adepto (m)	fan, supporter	[fæn], [sə'pɔ:tə(r)]
treinador (m)	trainer, coach	['treɪnə(r)], [kəʊtʃ]
treino (m)	training	['treɪnɪŋ]

17. Línguas estrangeiras. Ortografia

língua (f)	language	['læŋgwɪdʒ]
estudar (vt)	to study (vt)	[tə 'stʌdɪ]
pronúncia (f)	pronunciation	[prəˌnʌnsɪ'eɪʃən]
sotaque (m)	accent	['æksent]
substantivo (m)	noun	[naʊn]

adjetivo (m)	adjective	['ædʒɪktɪv]
verbo (m)	verb	[vɜːb]
advérbio (m)	adverb	['ædvɜːb]

pronome (m)	pronoun	['prəʊnaʊn]
interjeição (f)	interjection	[ˌɪntə'dʒekʃən]
preposição (f)	preposition	[ˌprepə'zɪʃən]

raiz (f) da palavra	root	[ruːt]
terminação (f)	ending	['endɪŋ]
prefixo (m)	prefix	['priːfɪks]
sílaba (f)	syllable	['sɪləbəl]
sufixo (m)	suffix	['sʌfɪks]

acento (m)	stress mark	['stres ˌmɑːk]
ponto (m)	period, dot	['pɪərɪəd], [dɒt]
vírgula (f)	comma	['kɒmə]
dois pontos (m pl)	colon	['kəʊlən]
reticências (f pl)	ellipsis	[ɪ'lɪpsɪs]

pergunta (f)	question	['kwestʃən]
ponto (m) de interrogação	question mark	['kwestʃən mɑːk]
ponto (m) de exclamação	exclamation point	[ˌeksklə'meɪʃən pɔɪnt]

entre aspas	in quotation marks	[ɪn kwəʊ'teɪʃən mɑːks]
entre parênteses	in parenthesis	[ɪn pə'renθɪsɪs]
letra (f)	letter	['letə(r)]
letra (f) maiúscula	capital letter	['kæpɪtəl 'letə(r)]

frase (f)	sentence	['sentəns]
grupo (m) de palavras	group of words	[gruːp əf wɜːdz]
expressão (f)	expression	[ɪk'spreʃən]

sujeito (m)	subject	['sʌbdʒɪkt]
predicado (m)	predicate	['predɪkət]
linha (f)	line	[laɪn]
parágrafo (m)	paragraph	['pærəgrɑːf]

sinónimo (m)	synonym	['sɪnənɪm]
antónimo (m)	antonym	['æntənɪm]
exceção (f)	exception	[ɪk'sepʃən]
sublinhar (vt)	to underline (vt)	[tə ˌʌndə'laɪn]

regras (f pl)	rules	[ruːlz]
gramática (f)	grammar	['græmə(r)]
léxico (m)	vocabulary	[və'kæbjʊlərɪ]
fonética (f)	phonetics	[fə'netɪks]
alfabeto (m)	alphabet	['ælfəbet]

manual (m) escolar	textbook	['tekstbʊk]
dicionário (m)	dictionary	['dɪkʃənərɪ]
guia (m) de conversação	phrasebook	['freɪzbʊk]

palavra (f)	word	[wɜːd]
sentido (m)	meaning	['miːnɪŋ]
memória (f)	memory	['memərɪ]

18. A Terra. Geografia

Terra (f)	the Earth	[ðɪ ɜːθ]
globo terrestre (Terra)	the globe	[ðɪ gləʊb]
planeta (m)	planet	['plænɪt]

geografia (f)	geography	[dʒɪ'ɒgrəfɪ]
natureza (f)	nature	['neɪtʃə(r)]
mapa (m)	map	[mæp]
atlas (m)	atlas	['ætləs]

no norte	in the north	[ɪn ðə nɔːθ]
no sul	in the south	[ɪn ðə saʊθ]
no oeste	in the west	[ɪn ðə west]
no leste	in the east	[ɪn ðɪ iːst]

mar (m)	sea	[siː]
oceano (m)	ocean	['əʊʃən]
golfo (m)	gulf	[gʌlf]
estreito (m)	straits	[streɪts]

continente (m)	continent	['kɒntɪnənt]
ilha (f)	island	['aɪlənd]
península (f)	peninsula	[pə'nɪnsjʊlə]
arquipélago (m)	archipelago	[ˌɑːkɪ'pelɪgəʊ]

porto (m)	harbor	['hɑːbə(r)]
recife (m) de coral	coral reef	['kɒrəl riːf]
litoral (m)	shore	[ʃɔː(r)]
costa (f)	coast	[kəʊst]

| maré (f) alta | flow | [fləʊ] |
| maré (f) baixa | ebb | [eb] |

latitude (f)	latitude	['lætɪtjuːd]
longitude (f)	longitude	['lɒndʒɪtjuːd]
paralela (f)	parallel	['pærəlel]
equador (m)	equator	[ɪ'kweɪtə(r)]

céu (m)	sky	[skaɪ]
horizonte (m)	horizon	[hə'raɪzən]
atmosfera (f)	atmosphere	['ætməˌsfɪə(r)]

montanha (f)	mountain	['maʊntɪn]
cume (m)	summit, top	['sʌmɪt], [tɒp]
falésia (f)	cliff	[klɪf]

colina (f)	hill	[hɪl]
vulcão (m)	volcano	[vɒl'keneʊ]
glaciar (m)	glacier	['gleɪʃə(r)]
queda (f) d'água	waterfall	['wɔːtəfɔːl]
planície (f)	plain	[pleɪn]

rio (m)	river	['rɪvə(r)]
fonte, nascente (f)	spring	[sprɪŋ]
margem (do rio)	bank	[bæŋk]
rio abaixo	downstream	['daʊnˌstriːm]
rio acima	upstream	[ˌʌp'striːm]

lago (m)	lake	[leɪk]
barragem (f)	dam	[dæm]
canal (m)	canal	[kə'næl]
pântano (m)	swamp	[swɒmp]
gelo (m)	ice	[aɪs]

19. Países do Mundo. Parte 1

Europa (f)	Europe	['jʊərəp]
União (f) Europeia	European Union	[ˌjʊərə'piːən 'juːnɪən]
europeu (m)	European	[ˌjʊərə'piːən]
europeu	European	[ˌjʊərə'piːən]

Áustria (f)	Austria	['ɒstrɪə]
Grã-Bretanha (f)	Great Britain	[greɪt 'brɪtən]
Inglaterra (f)	England	['ɪŋglənd]
Bélgica (f)	Belgium	['beldʒəm]
Alemanha (f)	Germany	['dʒɜːmənɪ]

Países (m pl) Baixos	Netherlands	['neðələndz]
Holanda (f)	Holland	['hɒlənd]
Grécia (f)	Greece	[griːs]
Dinamarca (f)	Denmark	['denmɑːk]
Irlanda (f)	Ireland	['aɪələnd]

Islândia (f)	Iceland	['aɪslənd]
Espanha (f)	Spain	[speɪn]
Itália (f)	Italy	['ɪtəlɪ]
Chipre (m)	Cyprus	['saɪprəs]
Malta (f)	Malta	['mɔːltə]

Noruega (f)	Norway	['nɔːweɪ]
Portugal (m)	Portugal	['pɔːtʃʊgəl]
Finlândia (f)	Finland	['fɪnlənd]
França (f)	France	[frɑːns]
Suécia (f)	Sweden	['swiːdən]
Suíça (f)	Switzerland	['swɪtsələnd]
Escócia (f)	Scotland	['skɒtlənd]

Vaticano (m)	Vatican	['vætɪkən]
Liechtenstein (m)	Liechtenstein	['lɪktənstaɪn]
Luxemburgo (m)	Luxembourg	['lʌksəmbɜ:g]

Mónaco (m)	Monaco	['mɒnəkəʊ]
Albânia (f)	Albania	[æl'beɪnɪɔ]
Bulgária (f)	Bulgaria	[bʌl'geərɪə]
Hungria (f)	Hungary	['hʌŋgərɪ]
Letónia (f)	Latvia	['lætvɪə]

Lituânia (f)	Lithuania	[ˌlɪθjʊ'eɪnjə]
Polónia (f)	Poland	['pəʊlənd]
Roménia (f)	Romania	[ru:'meɪnɪə]
Sérvia (f)	Serbia	['sɜ:bɪə]
Eslováquia (f)	Slovakia	[slə'vækɪə]

Croácia (f)	Croatia	[krəʊ'eɪʃə]
República (f) Checa	Czech Republic	[tʃek rɪ'pʌblɪk]
Estónia (f)	Estonia	[e'stəʊnjə]
Bósnia e Herzegovina (f)	Bosnia and Herzegovina	['bɒznɪə ənd ˌheətsəgə'vi:nə]
Macedónia (f)	Macedonia	[ˌmæsɪ'dəʊnɪə]

Eslovénia (f)	Slovenia	[slə'vi:nɪə]
Montenegro (m)	Montenegro	[ˌmɒntɪ'ni:grəʊ]
Bielorrússia (f)	Belarus	[ˌbelə'ru:s]
Moldávia (f)	Moldavia	[mɒl'deɪvɪə]
Rússia (f)	Russia	['rʌʃə]
Ucrânia (f)	Ukraine	[ju:'kreɪn]

20. Países do Mundo. Parte 2

Ásia (f)	Asia	['eɪʒə]
Vietname (m)	Vietnam	[ˌvjet'nɑ:m]
Índia (f)	India	['ɪndɪə]
Israel (m)	Israel	['ɪzreɪəl]
China (f)	China	['tʃaɪnə]

Líbano (m)	Lebanon	['lebənən]
Mongólia (f)	Mongolia	[mɒŋ'gəʊlɪə]
Malásia (f)	Malaysia	[mə'leɪzɪə]
Paquistão (m)	Pakistan	['pækɪstæn]
Arábia (f) Saudita	Saudi Arabia	['saʊdɪ ə'reɪbɪə]

Tailândia (f)	Thailand	['taɪlænd]
Taiwan (m)	Taiwan	[ˌtaɪ'wɑ:n]
Turquia (f)	Turkey	['tɜ:kɪ]
Japão (m)	Japan	[dʒə'pæn]
Afeganistão (m)	Afghanistan	[æf'gænɪˌstæn]
Bangladesh (m)	Bangladesh	[ˌbæŋglə'deʃ]

Indonésia (f)	Indonesia	[ˌɪndəˈniːzjə]
Jordânia (f)	Jordan	[ˈdʒɔːdən]
Iraque (m)	Iraq	[ɪˈrɑːk]
Irão (m)	Iran	[ɪˈrɑːn]

Camboja (f)	Cambodia	[kæmˈbəʊdjə]
Kuwait (m)	Kuwait	[kʊˈweɪt]
Laos (m)	Laos	[laʊs]
Mianmar, Birmânia	Myanmar	[ˌmaɪænˈmɑː(r)]
Nepal (m)	Nepal	[nɪˈpɔːl]

Emirados Árabes Unidos	United Arab Emirates	[juːˈnaɪtɪd ˈærəb ˈemərəts]
Síria (f)	Syria	[ˈsɪrɪə]
Palestina (f)	Palestine	[ˈpæləˌstaɪn]
Coreia do Sul (f)	South Korea	[saʊθ kəˈrɪə]
Coreia do Norte (f)	North Korea	[nɔːθ kəˈrɪə]

Estados Unidos da América	United States of America	[juːˈnaɪtɪd steɪts əv əˈmerɪkə]
Canadá (m)	Canada	[ˈkænədə]
México (m)	Mexico	[ˈmeksɪkəʊ]
Argentina (f)	Argentina	[ˌɑːdʒənˈtiːnə]
Brasil (m)	Brazil	[brəˈzɪl]

Colômbia (f)	Colombia	[kəˈlɒmbɪə]
Cuba (f)	Cuba	[ˈkjuːbə]
Chile (m)	Chile	[ˈtʃɪlɪ]
Venezuela (f)	Venezuela	[ˌvenɪˈzweɪlə]
Equador (m)	Ecuador	[ˈekwədɔː(r)]

Bahamas (f pl)	The Bahamas	[ðə bəˈhɑːməz]
Panamá (m)	Panama	[ˈpænəmɑː]
Egito (m)	Egypt	[ˈiːdʒɪpt]
Marrocos	Morocco	[məˈrɒkəʊ]
Tunísia (f)	Tunisia	[tjuːˈnɪzɪə]

Quénia (f)	Kenya	[ˈkenjə]
Líbia (f)	Libya	[ˈlɪbɪə]
África do Sul (f)	South Africa	[saʊθ ˈæfrɪkə]
Austrália (f)	Australia	[ɒˈstreɪljə]
Nova Zelândia (f)	New Zealand	[njuː ˈziːlənd]

21. Tempo. Catástrofes naturais

tempo (m)	weather	[ˈweðə(r)]
previsão (f) do tempo	weather forecast	[ˈweðə ˈfɔːkɑːst]
temperatura (f)	temperature	[ˈtemprətʃə(r)]
termómetro (m)	thermometer	[θəˈmɒmɪtə(r)]
barómetro (m)	barometer	[bəˈrɒmɪtə(r)]
sol (m)	sun	[sʌn]

brilhar (vi)	**to shine** (vi)	[tə ʃaɪn]
de sol, ensolarado	**sunny**	['sʌnɪ]
nascer (vi)	**to come up** (vi)	[tə kʌm ʌp]
pôr-se (vp)	**to set** (vi)	[tə set]
chuva (f)	**rain**	[reɪn]
está a chover	**it's raining**	[ɪts 'reɪnɪŋ]
chuva (f) torrencial	**pouring rain**	['pɔːrɪŋ reɪn]
nuvem (f) negra	**rain cloud**	[reɪn klaʊd]
poça (f)	**puddle**	['pʌdəl]
molhar-se (vp)	**to get wet**	[tə get wet]
trovoada (f)	**thunderstorm**	['θʌndəstɔːm]
relâmpago (m)	**lightning**	['laɪtnɪŋ]
relampejar (vi)	**to flash** (vi)	[tə flæʃ]
trovão (m)	**thunder**	['θʌndə(r)]
está a trovejar	**it's thundering**	[ɪts 'θʌndərɪŋ]
granizo (m)	**hail**	[heɪl]
está a cair granizo	**it's hailing**	[ɪts heɪlɪŋ]
calor (m)	**heat**	[hiːt]
está muito calor	**it's hot**	[ɪts hɒt]
está calor	**it's warm**	[ɪts wɔːm]
está frio	**it's cold**	[ɪts kəʊld]
nevoeiro (m)	**fog, mist**	[fɒg], [mɪst]
de nevoeiro	**foggy**	['fɒgɪ]
nuvem (f)	**cloud**	[klaʊd]
nublado	**cloudy**	['klaʊdɪ]
humidade (f)	**humidity**	[hjuː'mɪdətɪ]
neve (f)	**snow**	[snəʊ]
está a nevar	**it's snowing**	[ɪts snəʊɪŋ]
gelo (m)	**frost**	[frɒst]
abaixo de zero	**below zero**	[bɪ'ləʊ 'zɪərəʊ]
geada (f) branca	**hoarfrost**	['hɔːˌfrɒst]
mau tempo (m)	**bad weather**	[bæd 'weðə(r)]
catástrofe (f)	**disaster**	[dɪ'zɑːstə(r)]
inundação (f)	**flood**	[flʌd]
avalanche (f)	**avalanche**	['ævəlɑːnʃ]
terremoto (m)	**earthquake**	['ɜːθkweɪk]
abalo, tremor (m)	**tremor, quake**	['tremə(r)], [kweɪk]
epicentro (m)	**epicenter**	['epɪsentə(r)]
erupção (f)	**eruption**	[ɪ'rʌpʃən]
lava (f)	**lava**	['lɑːvə]
tornado (m)	**tornado**	[tɔː'neɪdəʊ]
turbilhão (m)	**twister**	['twɪstə(r)]
furacão (m)	**hurricane**	['hʌrɪkən]
tsunami (m)	**tsunami**	[tsuː'nɑːmɪ]
ciclone (m)	**cyclone**	['saɪkləʊn]

22. Animais. Parte 1

animal (m)	**animal**	['ænɪməl]
predador (m)	**predator**	['predətə(r)]
tigre (m)	**tiger**	['taɪgə(r)]
leão (m)	**lion**	['laɪən]
lobo (m)	**wolf**	[wʊlf]
raposa (f)	**fox**	[fɒks]
jaguar (m)	**jaguar**	['dʒægjʊə(r)]
lince (m)	**lynx**	[lɪnks]
coiote (m)	**coyote**	[kɔɪ'əʊtɪ]
chacal (m)	**jackal**	['dʒækəl]
hiena (f)	**hyena**	[haɪ'iːnə]
esquilo (m)	**squirrel**	['skwɜːrəl]
ouriço (m)	**hedgehog**	['hedʒhɒg]
coelho (m)	**rabbit**	['ræbɪt]
guaxinim (m)	**raccoon**	[rə'kuːn]
hamster (m)	**hamster**	['hæmstə(r)]
toupeira (f)	**mole**	[məʊl]
rato (m)	**mouse**	[maʊs]
ratazana (f)	**rat**	[ræt]
morcego (m)	**bat**	[bæt]
castor (m)	**beaver**	['biːvə(r)]
cavalo (m)	**horse**	[hɔːs]
veado (m)	**deer**	[dɪə(r)]
camelo (m)	**camel**	['kæməl]
zebra (f)	**zebra**	['ziːbrə]
baleia (f)	**whale**	[weɪl]
foca (f)	**seal**	[siːl]
morsa (f)	**walrus**	['wɔːlrəs]
golfinho (m)	**dolphin**	['dɒlfɪn]
urso (m)	**bear**	[beə]
macaco (em geral)	**monkey**	['mʌŋkɪ]
elefante (m)	**elephant**	['elɪfənt]
rinoceronte (m)	**rhinoceros**	[raɪ'nɒsərəs]
girafa (f)	**giraffe**	[dʒɪ'rɑːf]
hipopótamo (m)	**hippopotamus**	[ˌhɪpə'pɒtəməs]
canguru (m)	**kangaroo**	[ˌkæŋgə'ruː]
gata (f)	**cat**	[kæt]
cão (m)	**dog**	[dɒg]
vaca (f)	**cow**	[kaʊ]
touro (m)	**bull**	[bʊl]

ovelha (f)	sheep	[ʃiːp]
cabra (f)	goat	[gəʊt]
burro (m)	donkey	['dɒŋkɪ]
porco (m)	pig, hog	[pɪg], [hɒg]
galinha (f)	hen	[hen]
galo (m)	rooster	['ruːstə(r)]
pato (m), pata (f)	duck	[dʌk]
ganso (m)	goose	[guːs]
perua (f)	turkey	['tɜːkɪ]
cão pastor (m)	sheepdog	['ʃiːpdɒg]

23. Animais. Parte 2

pássaro, ave (m)	bird	[bɜːd]
pombo (m)	pigeon	['pɪdʒɪn]
pardal (m)	sparrow	['spærəʊ]
chapim-real (m)	tit	[tɪt]
pega-rabuda (f)	magpie	['mægpaɪ]
águia (f)	eagle	['iːgəl]
açor (m)	hawk	[hɔːk]
falcão (m)	falcon	['fɔːlkən]
cisne (m)	swan	[swɒn]
grou (m)	crane	[kreɪn]
cegonha (f)	stork	[stɔːk]
papagaio (m)	parrot	['pærət]
pavão (m)	peacock	['piːkɒk]
avestruz (f)	ostrich	['ɒstrɪtʃ]
garça (f)	heron	['herən]
rouxinol (m)	nightingale	['naɪtɪŋgeɪl]
andorinha (f)	swallow	['swɒləʊ]
pica-pau (m)	woodpecker	['wʊd,pekə(r)]
cuco (m)	cuckoo	['kʊkuː]
coruja (f)	owl	[aʊl]
pinguim (m)	penguin	['peŋgwɪn]
atum (m)	tuna	['tuːnə]
truta (f)	trout	[traʊt]
enguia (f)	eel	[iːl]
tubarão (m)	shark	[ʃɑːk]
caranguejo (m)	crab	[kræb]
medusa, alforreca (f)	jellyfish	['dʒelɪfɪʃ]
polvo (m)	octopus	['ɒktəpəs]
estrela-do-mar (f)	starfish	['stɑːfɪʃ]
ouriço-do-mar (m)	sea urchin	[siː 'ɜːtʃɪn]

cavalo-marinho (m)	**seahorse**	['si:hɔ:s]
camarão (m)	**shrimp**	[ʃrɪmp]
serpente, cobra (f)	**snake**	[sneɪk]
víbora (f)	**viper**	['vaɪpə(r)]
lagarto (m)	**lizard**	['lɪzəd]
iguana (f)	**iguana**	[ɪ'gwɑ:nə]
camaleão (m)	**chameleon**	[kə'mi:lɪən]
escorpião (m)	**scorpion**	['skɔ:pɪən]
tartaruga (f)	**turtle**	['tɜ:təl]
rã (f)	**frog**	[frɒg]
crocodilo (m)	**crocodile**	['krɒkədaɪl]
inseto (m)	**insect, bug**	['ɪnsekt], [bʌg]
borboleta (f)	**butterfly**	['bʌtəflaɪ]
formiga (f)	**ant**	[ænt]
mosca (f)	**fly**	[flaɪ]
mosquito (m)	**mosquito**	[mə'ski:təʊ]
escaravelho (m)	**beetle**	['bi:təl]
abelha (f)	**bee**	[bi:]
aranha (f)	**spider**	['spaɪdə(r)]

24. Árvores. Plantas

árvore (f)	**tree**	[tri:]
bétula (f)	**birch**	[bɜ:tʃ]
carvalho (m)	**oak**	[əʊk]
tília (f)	**linden tree**	['lɪndən tri:]
choupo-tremedor (m)	**aspen**	['æspən]
bordo (m)	**maple**	['meɪpəl]
espruce-europeu (m)	**spruce**	[spru:s]
pinheiro (m)	**pine**	[paɪn]
cedro (m)	**cedar**	['si:də(r)]
choupo, álamo (m)	**poplar**	['pɒplə(r)]
tramazeira (f)	**rowan**	['rəʊən]
faia (f)	**beech**	[bi:tʃ]
ulmeiro (m)	**elm**	[elm]
freixo (m)	**ash**	[æʃ]
castanheiro (m)	**chestnut**	['tʃesnʌt]
palmeira (f)	**palm tree**	[pɑ:m tri:]
arbusto (m)	**bush**	[bʊʃ]
cogumelo (m)	**mushroom**	['mʌʃrʊm]
cogumelo (m) venenoso	**poisonous mushroom**	['pɔɪzənəs 'mʌʃrʊm]
cepe-de-bordéus (m)	**cep**	[sep]

rússula (f)	russula	['rʌsjʊlə]
agário-das-moscas (m)	fly agaric	[flaɪ 'ægərɪk]
cicuta (f) verde	death cap	['deθ ˌkæp]
flor (f)	flower	['flaʊə(r)]
ramo (m) de flores	bouquet	[bʊ'keɪ]
rosa (f)	rose	[rəʊz]
tulipa (f)	tulip	['tjuːlɪp]
cravo (m)	carnation	[kɑ:'neɪʃən]
camomila (f)	camomile	['kæməmaɪl]
cato (m)	cactus	['kæktəs]
lírio-do-vale (m)	lily of the valley	['lɪlɪ əv ðə 'vælɪ]
campânula-branca (f)	snowdrop	['snəʊdrɒp]
nenúfar (m)	water lily	['wɔ:tə 'lɪlɪ]
estufa (f)	greenhouse	['gri:nhaʊs]
relvado (m)	lawn	[lɔ:n]
canteiro (m) de flores	flowerbed	['flaʊəbed]
planta (f)	plant	[plɑ:nt]
erva (f)	grass	[grɑ:s]
folha (f)	leaf	[li:f]
pétala (f)	petal	['petəl]
talo (m)	stem	[stem]
broto, rebento (m)	young plant	[jʌŋ plɑ:nt]
cereais (plantas)	cereal crops	['sɪərɪəl krɒps]
trigo (m)	wheat	[wi:t]
centeio (m)	rye	[raɪ]
aveia (f)	oats	[əʊts]
milho-miúdo (m)	millet	['mɪlɪt]
cevada (f)	barley	['bɑ:lɪ]
milho (m)	corn	[kɔ:n]
arroz (m)	rice	[raɪs]

25. Várias palavras úteis

ajuda (f)	help	[help]
base (f)	base	[beɪs]
categoria (f)	category	['kætəgərɪ]
coincidência (f)	coincidence	[kəʊ'ɪnsɪdəns]
começo (m)	beginning	[bɪ'gɪnɪŋ]
comparação (f)	comparison	[kəm'pærɪsən]
desenvolvimento (m)	development	[dɪ'veləpmənt]
diferença (f)	difference	['dɪfrəns]
efeito (m)	effect	[ɪ'fekt]
elemento (m)	element	['elɪmənt]

| equilíbrio (m) | balance | ['bæləns] |
| erro (m) | mistake | [mɪ'steɪk] |

esforço (m)	effort	['efət]
estilo (m)	style	[staɪl]
exemplo (m)	example	[ɪg'zɑ:mpəl]
facto (m)	fact	[fækt]

forma (f)	shape	[ʃeɪp]
género (tipo)	kind	[kaɪnd]
grau (m)	degree	[dɪ'gri:]
ideal	ideal	[aɪ'dɪəl]

mistério (m)	secret	['si:krɪt]
modo (m)	way	[weɪ]
momento (m)	moment	['məʊmənt]
obstáculo (m)	obstacle	['ɒbstəkəl]

padrão	standard	['stændəd]
paragem (pausa)	stop, pause	[stɒp], [pɔ:z]
parte (f)	part	[pɑ:t]
pausa (f)	pause	[pɔ:z]
posição (f)	position	[pə'zɪʃən]

| problema (m) | problem | ['prɒbləm] |
| processo (m) | process | ['prəʊses] |

| progresso (m) | progress | ['prəʊgres] |
| propriedade (f) | property, quality | ['prɒpəti], ['kwɒlɪtɪ] |

| reação (f) | reaction | [rɪ'ækʃən] |
| risco (m) | risk | [rɪsk] |

| ritmo (m) | tempo, rate | ['tempəʊ], [reɪt] |
| série (f) | series | ['sɪəri:z] |

| sistema (m) | system | ['sɪstəm] |
| situação (f) | situation | [,sɪtjʊ'eɪʃən] |

| solução (f) | solution | [sə'lu:ʃən] |
| tabela (f) | table, chart | ['teɪbəl], [tʃɑ:t] |

| termo (ex. ~ técnico) | term | [tɜ:m] |
| urgente | urgent | ['ɜ:dʒənt] |

| utilidade (f) | utility | [ju:'tɪlətɪ] |
| variante (f) | variant | ['veərɪənt] |

variedade (f)	choice	[tʃɔɪs]
verdade (f)	truth	[tru:θ]
vez (f)	turn	[tɜ:n]
zona (f)	zone	[zəʊn]

26. Modificadores. Adjetivos. Parte 1

aberto	open	['əʊpən]
afiado	sharp	[ʃɑːp]
alto (ex. voz ~a)	loud	[laʊd]
amargo	bitter	['bɪtə(r)]
amplo	spacious	['speɪʃəs]
antigo	ancient	['eɪnʃənt]
arriscado	risky	['rɪskɪ]
artificial	artificial	[ˌɑːtɪ'fɪʃəl]
azedo	sour	['saʊə(r)]
baixo (voz ~a)	low	[ləʊ]
bonito	beautiful	['bjuːtɪfʊl]
bronzeado	tan	[tæn]
burro, estúpido	stupid	['stjuːpɪd]
cego	blind	[blaɪnd]
central	central	['sentrəl]
cheio (ex. copo ~)	full	[fʊl]
clandestino	clandestine	[klæn'destɪn]
compatível	compatible	[kəm'pætəbəl]
comum, normal	ordinary	['ɔːdənrɪ]
congelado	frozen	['frəʊzən]
contente	contented	[kən'tentɪd]
contínuo	prolonged	[prə'lɒŋd]
contrário (ex. o efeito ~)	opposite	['ɒpəzɪt]
cru (não cozinhado)	raw	[rɔː]
curto	short	[ʃɔːt]
denso (fumo, etc.)	dense	[dens]
difícil	difficult	['dɪfɪkəlt]
direito	right	[raɪt]
doce (açucarado)	sweet	[swiːt]
doce (água)	fresh	[freʃ]
doente	ill, sick	[ɪl], [sɪk]
duro (material ~)	hard	[hɑːd]
educado	polite	[pə'laɪt]
enigmático	mysterious	[mɪ'stɪərɪəs]
enorme	huge	[hjuːdʒ]
especial	special	['speʃəl]
esquerdo	left	[left]
estreito	narrow	['nærəʊ]
exato	exact	[ɪg'zækt]
excelente	excellent	['eksələnt]
excessivo	excessive	[ɪk'sesɪv]

externo	exterior	[ɪk'stɪərɪə(r)]
fácil	easy	['i:zɪ]
feliz	happy	['hæpɪ]
fértil (terreno ~)	fertile	['fɜ:taɪl]

forte (pessoa ~)	strong	[strɒŋ]
frágil	fragile	['frædʒəl]
gostoso	tasty	['teɪstɪ]
grande	big	[bɪg]
gratuito, grátis	free	[fri:]

27. Modificadores. Adjetivos. Parte 2

imóvel	immobile	[ɪ'məʊbaɪl]
importante	important	[ɪm'pɔ:tənt]
infantil	children's	['tʃɪldrənz]
inteligente	clever	['klevə(r)]
interno	interior	[ɪn'tɪərɪə(r)]

legal	legal	['li:gəl]
leve	light	[laɪt]
limpo	clean	[kli:n]
líquido	liquid	['lɪkwɪd]
liso	smooth	[smu:ð]

longo (ex. cabelos ~s)	long	[lɒŋ]
maduro (ex. fruto ~)	ripe	[raɪp]
mate, baço	matt, matte	[mæt]
mau	bad	[bæd]
mole	soft	[sɒft]

morto	dead	[ded]
não difícil	not difficult	[nɒt 'dɪfɪkəlt]
não é clara	unclear	[ˌʌn'klɪə(r)]
natal (país ~)	native	['neɪtɪv]
negativo	negative	['negətɪv]

normal	normal	['nɔ:məl]
novo	new	[nju:]
obrigatório	obligatory	[ə'blɪgətrɪ]
original	original	[ɒ'rɪdʒɪnəl]
passado	last	[lɑ:st]

pequeno	small	[smɔ:l]
perigoso	dangerous	['deɪndʒərəs]
pessoal	personal	['pɜ:sənəl]
pobre	poor	[pʊə(r)]
possível	possible	['pɒsəbəl]
pouco fundo	shallow	['ʃæləʊ]
primeiro (principal)	principal	['prɪnsɪpəl]

principal	main, principal	[meɪn], ['prɪnsɪpəl]
provável	probable	['prɒbəbəl]
rápido	fast, quick	[fɑːst], [kwɪk]

raro	rare	[reə(r)]
reto	straight	[streɪt]
seguinte	next	[nekst]
similar	similar	['sɪmɪlə(r)]
soberbo	superb	[suːˈpɜːb]

social	public	['pʌblɪk]
sólido	solid	['sɒlɪd]
sujo	dirty	['dɜːtɪ]
suplementar	additional	[əˈdɪʃənəl]

triste (um ar ~)	sad	[sæd]
último	last, final	[lɑːst], ['faɪnəl]
usado	second hand	['sekənd ˌhænd]
vazio (meio ~)	empty	['emptɪ]
velho	old	[əʊld]

28. Verbos. Parte 1

abrir (vt)	to open (vt)	[tə ˈəʊpən]
acabar, terminar (vt)	to finish (vt)	[tə ˈfɪnɪʃ]
acusar (vt)	to accuse (vt)	[tə əˈkjuːz]
agradecer (vt)	to thank (vt)	[tə θæŋk]
ajudar (vt)	to help (vt)	[tə help]
almoçar (vi)	to have lunch	[tə hæv lʌntʃ]

alugar (~ um apartamento)	to rent (vt)	[tə rent]
amar (vt)	to love (vt)	[tə lʌv]
anular, cancelar (vt)	to cancel (vt)	[tə ˈkænsəl]
anunciar (vt)	to announce (vt)	[tə əˈnaʊns]
apagar, eliminar (vt)	to delete (vt)	[tə dɪˈliːt]
apanhar (vt)	to catch (vt)	[tə kætʃ]

arrumar, limpar (vt)	to clean up	[tə kliːn ʌp]
assinar (vt)	to sign (vt)	[tə saɪn]
atirar, disparar (vi)	to shoot (vi)	[tə ʃuːt]
bater (espancar)	to beat (vt)	[tə biːt]
bater-se (vp)	to fight (vi)	[tə faɪt]
beber, tomar (vt)	to drink (vi, vt)	[tə drɪŋk]

brincar (vi)	to joke (vi)	[tə dʒəʊk]
brincar, jogar (crianças)	to play (vi)	[tə pleɪ]
caçar (vi)	to hunt (vi, vt)	[tə hʌnt]
cair (vi)	to fall (vi)	[tə fɔːl]
cantar (vi)	to sing (vi)	[tə sɪŋ]
cavar (vt)	to dig (vt)	[tə dɪg]

cessar (vt)	to stop (vt)	[tə stɒp]
chegar (vi)	to arrive (vi)	[tə ə'raɪv]
chorar (vi)	to cry (vi)	[tə kraɪ]
começar (vt)	to begin (vt)	[tə bɪ'gɪn]

comer (vt)	to eat (vi, vt)	[tə i:t]
comparar (vt)	to compare (vt)	[tə kəm'peə(r)]
comprar (vt)	to buy (vt)	[tə baɪ]
compreender (vt)	to understand (vt)	[tə ˌʌndə'stænd]
confiar (vt)	to trust (vt)	[tə trʌst]

confirmar (vt)	to confirm (vt)	[tə kən'fɜ:m]
conhecer (vt)	to know (vt)	[tə nəʊ]
construir (vt)	to build (vt)	[tə bɪld]
contar (fazer contas)	to count (vt)	[tə kaʊnt]
contar (vt)	to tell (vt)	[tə tel]
contar com (esperar)	to count on ...	[tə kaʊnt ɒn]

convidar (vt)	to invite (vt)	[tə ɪn'vaɪt]
copiar (vt)	to copy (vt)	[tə 'kɒpɪ]
correr (vi)	to run (vi)	[tə rʌn]
crer (vt)	to believe (vi)	[tə bɪ'li:v]
criar (vt)	to create (vt)	[tə kri:'eɪt]
custar (vt)	to cost (vt)	[tə kɒst]

29. Verbos. Parte 2

dançar (vi)	to dance (vi, vt)	[tə dɑ:ns]
dar (vt)	to give (vt)	[tə gɪv]
decidir (vt)	to decide (vt)	[tə dɪ'saɪd]
deixar cair (vt)	to drop (vt)	[tə drɒp]
depender de ... (vi)	to depend on ...	[tə dɪ'pend ɒn]

desaparecer (vi)	to disappear (vi)	[tə ˌdɪsə'pɪə(r)]
desculpar (vt)	to excuse (vt)	[tə ɪk'skju:z]
desligar (vt)	to turn off (vt)	[tə tɜ:n ɒf]
desprezar (vt)	to despise (vt)	[tə dɪ'spaɪz]

discutir (notícias, etc.)	to discuss (vt)	[tə dɪs'kʌs]
divorciar-se (vp)	to divorce (vi)	[tə dɪ'vɔ:s]
dizer (vt)	to say (vt)	[tə seɪ]
duvidar (vt)	to doubt (vi)	[tə daʊt]
encontrar (achar)	to find (vt)	[tə faɪnd]

encontrar-se (vp)	to meet (vi, vt)	[tə mi:t]
enganar (vt)	to deceive (vi, vt)	[tə dɪ'si:v]
enviar (uma carta)	to send (vt)	[tə send]
errar (equivocar-se)	to make a mistake	[tə meɪk ə mɪ'steɪk]
escolher (vt)	to choose (vt)	[tə tʃu:z]
esconder (vt)	to hide (vt)	[tə haɪd]

escrever (vt)	to write (vt)	[tə raɪt]
esperar (o autocarro, etc.)	to wait (vi)	[tə weɪt]
esperar (ter esperança)	to hope (vi, vt)	[tə həʊp]
esquecer (vi, vt)	to forget (vi, vt)	[tə fə'get]
estar ausente	to be absent	[to bi 'æbsənt]
estar com pressa	to be in a hurry	[tə bi ɪn ə 'hʌrɪ]
estar com pressa	to hurry (vi)	[tə 'hʌrɪ]
estar de acordo	to agree (vi)	[tə ə'griː]
estudar (vt)	to study (vt)	[tə 'stʌdɪ]
exigir (vt)	to demand (vt)	[tə dɪ'mɑːnd]
existir (vi)	to exist (vi)	[tə ɪg'zɪst]
explicar (vt)	to explain (vt)	[tə ɪk'spleɪn]
falar (vi)	to speak (vi, vt)	[tə spiːk]
falar com ...	to talk to ...	[tə tɔːk tuː]
faltar (clases, etc.)	to miss (vt)	[tə mɪs]
fazer (vt)	to do (vt)	[tə duː]
fazer, preparar (vt)	to cook (vt)	[tə kʊk]
fechar (vt)	to close (vt)	[tə kləʊz]
felicitar (vt)	to congratulate (vt)	[tə kən'grætʃʊleɪt]
ficar cansado	to get tired	[tə get 'taɪəd]
gostar (apreciar)	to like (vt)	[tə laɪk]
gritar (vi)	to shout (vi)	[tə ʃaʊt]
guardar (cartas, etc.)	to keep (vt)	[tə kiːp]
insistir (vi)	to insist (vi, vt)	[tə ɪn'sɪst]
insultar (vt)	to insult (vt)	[tə ɪn'sʌlt]
ir (a pé)	to go (vi)	[tə gəʊ]
jantar (vi)	to have dinner	[tə hæv 'dɪnə(r)]
ler (vt)	to read (vi, vt)	[tə riːd]
ligar (vt)	to turn on (vt)	[tə tɜːn ɒn]

30. Verbos. Parte 3

matar (vt)	to kill (vt)	[tə kɪl]
mergulhar (vi)	to dive (vi)	[tə daɪv]
morrer (vi)	to die (vi)	[tə daɪ]
mostrar (vt)	to show (vt)	[tə ʃəʊ]
mudar (modificar)	to change (vt)	[tə tʃeɪndʒ]
nadar (vi)	to swim (vi)	[tə swɪm]
nascer (vi)	to be born	[tə bi bɔːn]
negar (vt)	to deny (vt)	[tə dɪ'naɪ]
obedecer (vt)	to obey (vi, vt)	[tə ə'beɪ]
odiar (vt)	to hate (vt)	[tə heɪt]
olhar para ...	to look at ...	[tə lʊk æt]
ouvir (vt)	to hear (vt)	[tə hɪə(r)]

pagar (vt)	to pay (vi, vt)	[tə peɪ]
participar (vi)	to participate (vi)	[tə pɑ:'tɪsɪpeɪt]
pegar (tomar)	to take (vt)	[tə teɪk]
pensar (vt)	to think (vi, vt)	[tə θɪŋk]
perder	to lose (vt)	[tə lu:z]
(o guarda-chuva, etc.)		
perdoar (vt)	to forgive (vt)	[tə fə'gɪv]
perguntar (vt)	to ask (vt)	[tə ɑ:sk]
permitir (vt)	to permit (vt)	[tə pə'mɪt]
pertencer (vt)	to belong to …	[tə bɪ'lɒŋ tu:]
perturbar (vt)	to disturb (vt)	[tə dɪ'stɜ:b]
poder (v aux)	can (v aux)	[kæn]
poder (v aux)	can (v aux)	[kæn]
prever (vt)	to expect (vt)	[tə ɪk'spekt]
proibir (vt)	to forbid (vt)	[tə fə'bɪd]
prometer (vt)	to promise (vt)	[tə 'prɒmɪs]
propor (vt)	to propose (vt)	[tə prə'pəʊz]
provar (vt)	to prove (vt)	[tə pru:v]
quebrar (vt)	to break (vt)	[tə breɪk]
queixar-se (vp)	to complain (vi, vt)	[tə kəm'pleɪn]
querer (desejar)	to want (vt)	[tə wɒnt]
receber (vt)	to receive (vt)	[tə rɪ'si:v]
repetir (dizer outra vez)	to repeat (vt)	[tə rɪ'pi:t]
reservar (~ um quarto)	to reserve, to book	[tə rɪ'zɜ:v], [tə bʊk]
responder (vt)	to answer (vi, vt)	[tə 'ɑ:nsə(r)]
rezar, orar (vi)	to pray (vi, vt)	[tə preɪ]
roubar (vt)	to steal (vt)	[tə sti:l]
saber (vt)	to know (vt)	[tə nəʊ]
salvar (vt)	to save, to rescue	[tə seɪv], [tə 'reskju:]
secar (vt)	to dry (vt)	[tə draɪ]
sentar-se (vp)	to sit down (vi)	[tə sɪt daʊn]
sorrir (vi)	to smile (vi)	[tə smaɪl]
tentar (vt)	to try (vt)	[tə traɪ]
ter (vt)	to have (vt)	[tə hæv]
ter medo	to be afraid	[tə bi ə'freɪd]
terminar (vt)	to end (vt)	[tə end]
tomar o pequeno-almoço	to have breakfast	[tə hæv 'brekfəst]
trabalhar (vi)	to work (vi)	[tə wɜ:k]
traduzir (vt)	to translate (vt)	[tə træns'leɪt]
vender (vt)	to sell (vt)	[tə sel]
ver (vt)	to see (vt)	[tə si:]
verificar (vt)	to check (vt)	[tə tʃek]
virar (ex. ~ à direita)	to turn (vi)	[tə tɜ:n]
voar (vi)	to fly (vi)	[tə flaɪ]